トヨタ式現場管理

ものづくり
日本再生のための
7つのカイゼン

田中正知
ものづくり大学名誉教授
元・トヨタ生産調査部部長

ビジネス社

改訂版刊行に寄せて

２００５年に『考えるトヨタの現場』というタイトルで出版された本書は、改善手法のみを紹介した、いわゆるトヨタ本の中にあって「トヨタ式のものの見方・考え方」に徹した本として、数多くの方にご愛読いただきました。管理者が自職場を運営するための指導書に……と意図したのですが、むしろ数多くの現場を指導して回るプロの方々に自信を持たせる役割を果たしていたと聞いています。

本書は２００７年台湾、ついで２０１１年中国で出版され、今年中国で重版出来となりました。日本でも本書をもとにして毎年勉強会を開いていますが、最近入手が困難になったとお叱りを受けるようになりました。この声に応える形で、この度改訂版を発刊することになりました。

十年一昔といいます。初版発行当時の平社員は今や係長・課長職に就き、重い責任を負いながら部下を育てながら任務を遂行する立場に昇進していると思います。当時課長職だった方は部長・工場長として大所高所から、顧客の目で自社・自工場を眺め、市場の変化に俊敏に即応する組織づくり・仕組みづくりをする立場になっていることでしょう。

立場が変われば、目的も手段も、そして視点も変わっていきます。「温故知新」10年前に読んだ方でも本書を読めば新しい発見が充分にある。こう考えて、本文の変更は、時代の変化を加味することと読みやすい表現にすることに留めました。

とは言うものの、初版で書き残したこと、10年で状況が変わったことなど、お知らせしたいことが多々あるので、それらをここにまとめました。


企業が数字を追いかける弊害……トヨタも嵌った

２００１年、ものづくり基本法に則って開設された国策のものつくり大学に筆者は社命として「トヨタ方式」を教えるために着任しました。トヨタでの実施事例を大学の教科として整理し、テイラーやギルブレスの科学的管理法やフォードのコンベアー方式と比較研究をしていました。

大学という中立、客観的立場でトヨタを見ていると、21世紀になってからのトヨタは従来やってはいけないとされる方向に進路を変えているように見えたのでした。

ちなみに「トヨタ方式」の教えとは、

現場においては「自働化」で品質（Q）を確保して、
「Just In Time」でLead-Time（D）を短縮すれば
儲け（C）は後から付いてくる。
（儲けは世間様が努力を認めて与えてくれるご褒美である）
最初から儲け（C）を追えば、品質（Q）も納期（D）も逃げていく

というものでした。

ところが２００５年のトヨタは生産台数の分野ではトップのＧＭに肉薄し、いつ抜くかとマスコミに騒がれはじめました。利益の面でも1兆円を突破、2兆円に達しようとした頃です。外から見た姿は順調そのものでしたが、筆者の言う「トヨタ方式」から外れていきました。一般的に企業が数字を追っかけると、数字で表せない物事は軽んぜられ、外されていきますし、もっと恐ろしいのは数字そのものをいじくる誘惑に駆られるようになります。

筆者はいたたまれない気持になって、大学で教科としてまとめた内容をもとに、本来の「トヨタ方式」はこういうものだけれど、後輩たちよ、数字で表せない物事もしっかりやっているか？と問う気持で本書を上梓したのでした。

著書は好評の中、売れ行きを伸ばしていきましたが、トヨタそのものは方向転換することはなく、そのまま危険な道を暴走していきました。たまたまお会いした「Lean Production System」御本家のウォマック博士から「今のトヨタをどう思うか？」と聞かれ、「**GMはトヨタの後を追っかけ、トヨタはGMの後を追っかけている**」と答えたら、「まったくその通りだ」と意見が一致しました。

心配していたように、2008年秋のリーマンショックでトヨタは大赤字に転落し、GMは倒産しました。日本企業はこの年の春の時点で雲行きを読み、大減産を掛けて怪我は軽傷で済ませたといいます。その一方で「Just In Time」を表看板に掲げたはずのトヨタの在庫が、あちこちのモータープールで満車になっていくのを世間では不審に思っていたという話も聞きました。冒頭の言葉を奇しくもトヨタ自身が証明してしまったのでした。

このように企業トップが「目標数字」を掲げて旗を振れば、社内部門間の熾烈な競争が始まり、部分最適に走ります。よほどトップがしっかりしていないかぎり倒産の憂き目に遭います。最近ではシャープと東芝や三菱自工が、海外ではVW社が話題になっています。

その後、創業家の御曹司として入社以来「トヨタ方式」と帝王学を叩き込まれた豊田章男氏が社長の座に着き、路線を変更しています。本書で説いている本来の「トヨタ方式」に戻し、台数や利益額に代えて「**もっと良い車をつくろうよ**」をスローガンに置き、社内改革を進めていると聞いています。

本書で紹介する「トヨタ方式」の目的は「**企業の永続的繁栄**」にあります。人で言えば「丈夫で長生き」することに相当します。目の前に美味しいご馳走があるからといって食べ過ぎれば、メタボになってかえって寿命を縮めかねません。そのためにつねに長期的な視点に立ち、よく考え、確実に行動していかなければなりません。それは企業でも個々人でも同じです。これがお伝えしたい事柄なのです。

抽象的な経営哲学を大上段に振りかざしても伝わるはずもありません。読者の皆様の生い立ちや職業もまちまちです。その皆様に少しでも「トヨタ方式」のエッセンスが伝わるように、本書では1970年代から1980年代にかけてのトヨタの組立工場での、筆者の実体験をもとにしています。それをどなたにでも理解しやすいようにできるだけ「一般化」して表現しました。その概要は以下の通りです。

作業性は設計で決まる…コンカレント運動開始

1966年から日本国内の自動車市場は急拡大していきましたが、トヨタは自動車の生産にとって難しいと思われた鋳物、機械加工、プレス成形などは最新の生産技術を駆使し、大規模工場を建設し、満を持してカローラの生産を開始したのでした。

ところがふたを開けてみると、いちばんやさしいと思われた組立工程がいちばんネックになって、生産が伸びない事態になってしまいました。それは**機械と人間の差**にありました。パソコンは買ってきて、プログラムをインストールすればただちに役に立ちます。ところが人間は作業マニュアルに基づいて時間を掛けて訓練しなければ働けません。パソコンは配線をつなげばネットで動きますが、人間同士は時間を掛けて「人間関係」が樹立するまでは通信速度は速くならないのです。

最後は「チームワーク」です。1本のライン上に約200人の要員が並んで組んでいく自動車の組立ラインは、「ムカデ競走」のようなチームワークが必要なのです。

さて、ネックとなった新設組立工場に着任した筆者がそこで見たのは、設計の未熟さでした。設計も急成長でしたから、車としての機能を満足させるだけで精一杯で、作業のしやすさまでは手が回ってないのでした。

現場で困っている設計問題の現物を持って設計に直訴したのが発端となって、組立の熟練工を伴って設計に乗り込み、次期モデルを組み付けやすい設計に変える活動が始まりました。これがトヨタの組立におけるConcurrent Engineering活動の始まりでした。

工程編成法の改善

それまでリーダーの勘で行っていた作業配分を「山積票」に換えて見える化し、1人ひとりの作業量を、本人の育成計画を加味しながら合理的に分配する活動を始めました。これにより工程変更の度に計画的に担当する作業をローテーションし、多技能化の推進につながりました。

カード法で始めた「山積票」がやがてパソコン化され、作業名と作業者の履歴、必要工具などにひも付けするなど、工程編成変更を重ねるごとにシステム的に進化し、当初は8時間ほど掛けて行っていたものが、実力が付いてきて2時間以内で組立ラインの編成変更ができるようになっていきました。

この工程編成法と、Concurrent-Engineeringが結びつき、精度の高い生産準備が可能になり、新型車立ち上げに威力を発揮し、1ヶ月以内で計画台数を生産できる、いわゆる垂直立ち上げシステムを完成させることができました。これこそ、「トヨタ方式」の柱の一つ「標準作業」の極みとも言うべき成果でした。

「現場管理」の要諦は管理者が自分の哲学を持つこと

1980年、課長職に昇格した筆者は、トヨタとして10年目に最新鋭工場として建設した田原第2工場の組立課長として着任し、豊田地区の既存の工場から要員を集めてゼロから新組織を編成し、トヨタ初の高級スポーツカー・ソアラを立ち上げるという、大変やり甲斐のある任務に就きました。

当初は「元町・高岡・堤の3工場の寄り合い部隊」と揶揄《やゆ》される中で、「本社地区での業績は過去のこと、田原では評価しない」「田原の新工場で頑張ったことのみを評価する」という意味を込めて「Ｚｅｒｏスタート」を共通のスローガンに掲げ、「組立課のあるべき姿」に向けて全員のベクトル合わせをしました。

生産ラインの最先端を担う人たちの意識改革・士気高揚のために「ＱＣサークル活動」や「創意工夫提案活動」に力を入れ、ＱＣサークルの本部長賞受賞も獲得しました。

いちばん苦労したのは、40歳の新任課長である筆者が海千山千の50代のベテラン職長たちにリーダーシップをどう発揮するかにありました。ここで筆者が学んだのは、美しく表現すれば『人間力』です。現場的に言えば『目の玉と肝っ玉』で、相手の目を見続けて、毅然とした態度で、ゆっくり、ハッキリ話すことでした。そしてこれができるためには自分の生き様に自信があること、言い換えれば、借り物ではない自分自身の『哲学』を持つことでした。６００人からの部下を持ち、仕切価格２００万円の車両を月に１万から２万台弱生産した5年間にわたる組立課長時代はまさに日々精進の毎日でした。

ここで得た『哲学』はその後、田原工場全体の改善指導する主査として、さらにトヨタのサプライヤーを改善指導する生産調査部部長として磨きを掛けていきました。

本書ではこの『哲学』のうち、普遍性があり皆様のお役に立ちそうな部分を選りすぐって紹介してあります。

初版で割愛した部分の追記

初版では、筆者が実際にやってきたことを主体として書いたために、当時トヨタが全社を挙げて取り組んでいた大きなテーマに関しては舌足らずの表現になっている観は免れません。そのテーマとは従業員の働き甲斐、生き甲斐に関するもので、1962年に締結した『労使宣言』に凝縮されていますので、その一部を紹介します。

『会社は、従業員がのびのびと創造性を発揮し、働きがいのある活力あふれる企業風土をつくり、従業員の幸福の源泉である雇用の安定と労働条件の維持・向上に努力する。組合は、経営課題を自らの課題と捉え、変化を恐れず柔軟な発想と対応で生産性の向上や会社施策の実現に共に努力する。』と明記されたことの具現化の課題です。

労使宣言と聞けば「儲けたお金を労使でどう分配するか」に関することと思われがちですが、ここでは経営哲学、人生哲学の次元で語られているのです。

個々人の人生という視点で見れば、管理者から作業員に至るまで、かけがえのない人生のいちばん大事な時間を、トヨタという会社の中で働いて過ごすことになります。

それゆえトヨタで働いている時間が『のびのびと創造性を発揮し、働きがいのある活力あふれる』時間であることは、その人の人生そのものを生き甲斐のあるものにすると労使で確認しあったということなのです。

労使宣言以来、このテーマはトヨタの基本理念の一つとして全社を挙げて取り組みました。その中で「現場管理」にとってもっとも大きな課題「3S化・コンベヤー作業の問題点」と、それに対する『トヨタ方式』の解決策を説明します。

3S化・コンベヤー作業の問題点

19世紀までは、丁稚奉公に出た子供は親方から専門技術だけでなく社会人としての教養まで仕込まれて育てられ、一人前になった後も精神的なつながりとして師弟関係は生涯続くのでした。親方自身も、自分の跡継ぎの息子を甘えさせないように他所の親方のもとに出し、丁稚奉公させるのが習わしでした。

そんな熟練工の世界が20世紀になるとIE（Industrial Engineering）が発達し、3S化（Standardization, Simplification, Specialization）によって崩壊していきます。徒弟制度で鍛えられた熟練工のワザを伝承した限られた一部は、従来通り熟練工としての誇りと高収入を維持できました。しかし残りの大部分の作業は単純化し、標準化することで、誰でも半日程度の訓練で一人前の仕事ができるようにドンドン改革が進んでいったのでした。

フォードは3S化をさらに進め、製品を一定の速さのコンベア上に載せ、大勢の人を配置し、速さに見合った作業をさせることで完成させていく、いわゆるコンベヤー方式を導入し、作業時間を約10分の1に削減したと伝えられています。これはたとえば甲には「左前タイヤを取り付け」させ、乙には「左後タイヤを取り付け」させるといった具合に、1人ひとりに、コンベヤースピードに合わせた簡単な仕事を割り振ることで達成されるのでした。今から約100年前に開発されたフォードのコンベヤー生産システムはあまりの生産性の高さにより、その後の大量生産ラインではこれが定石となったのでした。

しかし「左前タイヤを取り付ける」ために雇われた人間にとっては、このコンベヤー方式はどう映るでしょうか？　徒弟制度時代のように将来一人前の職人に育ててくれる保証は何もありません。2年経っても、3年経ってもコンベヤーに載って来る車両の「左前タイヤを取り付けている自分」の姿が予想できます。おそらく彼はこの会社での自分の未来に絶望を感じて退社することでしょう。

「トヨタ方式」での解決法─1　成長のプログラムを明示

市場経済の厳しい競争を勝ち進むためには、残念ながら作業を3S化し、コンベヤー作業を進めるしかありません。しかし、その中にあっても作業している人たちが、かつての徒弟制度以上にその職場の中で個人としての尊厳が守られ、より高い技能習得の機会が与えられなければなりません。しかも本人の努力次第で今の立場からリーダーへ、さらに上への道が開かれているという体制を明確にすることで、一つの解決策になるのではないかと考えたのでした。

本書の人間性尊重の項目で書いた「会社都合では解雇しない」ということは、親が自分の子供を懸命に育て一人前にするように、会社としていったん新しい従業員を迎え入れれば、懸命に一人前の熟練工に育て上げ、定年まで職場を確保するということです。親がわが子を褒めるときは、今回だけの成績を評価するより、前回に比べ今回がどれだけ成績を上げたかの努力の度合いを評価します。同じように会社として、ベテランに追い付き追い越そうとしている新人の努力に対しても賛辞を惜しみません。昨日よりも今日、今日よりも明日と、つねに成長、進歩を目指す「日々是精進」の姿勢を従業員に期待するのです。

現場に配属された新人の当面の目標は、3~8名で構成された班の仕事をすべて習得し、次に来た後輩に仕事を教えられるレベルにまで熟達することにあります。4~5年でそのレベルに達すると工場の一角にある道場に呼ばれ、同レベルの人たちと集合教育を受け、「C級技能習得者」の称号を受けるのが目標になります。それが可能なように、各班にはローテーション計画がありますから、ある期間「タイヤ取り付け」をやったら、次の新しい仕事にローテーションしていきます。一つの仕事をマスターしたら次の仕事を勉強します。「飽かせず倦ませず」「日々是新又日新」なのです。

「トヨタ方式」での解決法—2　職場の仲間づくり

会社は大勢の人が連携を取って進まなければなりません。当然、チームワークが大切だということは言をまちません。しかしもう一つ大事なことがあります。人は誰でも「温かい目で見守ってくれる存在」を必要としているということです。歴史的に見れば、狩猟採集の旧石器時代から近世の家内制工業の時代まで、生活のすべては家族単位でした。技能は親から子に伝えられ、苦しみも喜びも家族で分かち合ってきたのでした。つまり生まれてから死ぬまで、つねに家族の温かい目で見守られてきたのでした。

ところが現在、ほとんどの人は働くときは家族から離れて会社組織の中にいます。会社の中でどんなに立派なことを成し遂げても、どんなに努力を重ねていても、家族には分かってもらえません。唯一それが理解できるのは、同じ職場の仲間しかいません。言い換えると、職場の仲間が昔の家族と同じように温かい目で見守り、苦しみも喜びも分かち合うことができなければ、働く人たちの精神的安定は得られないということです。

「士は己を知るもののために死す」という中国の諺《ことわざ》があります。「己を知るもの」とは自分を理解し温かい目で見てくれている上司や仲間たちと解釈し、「死す」と言うのは物騒ですから「頑張る」と解釈すれば筆者の言わんとすることがご理解いただけると思います。

「トヨタ方式」での解決法―3　課題を与え考えさせる……改善

さて肝心の「タイヤの取り付けだけ」という単純作業の繰り返しそのものは、どうやって解決したのかについて説明します。

約100年前に始まった科学的管理法では、個々の作業に標準作業時間を設定し、これを基にして作業管理をしますが、いったん決めた標準時間を変えるという考えは持たないのが普通でした。

一方「トヨタ方式」では、人を育て、技を向上させる「日々是精進」を基本的理念にしていますから、当然作業時間も日々変化し、やり方を工夫することで作業時間をさらに短縮できると考えるのです。例に挙げた「タイヤの取り付け」作業でも、やり方によって作業時間は変わってきます。遅れたらリリーフする体制を敷いた上で、前工程の室内配線作業のでき映えをチェックするなどの新しい仕事を増やし、数％のストレッチ目標に挑戦させるのです。「できそうで難しく時々うまく行く状態」はまさにゲームと同じで、人を夢中にさせます。作業のやり方を自問自答し、より良い方法を模索する……これは「自分との戦い」の世界に入っていくことを意味しているのです。上司に励まされながらやがて目標を達成し、同様に目標に取り組んでいる仲間の前で表彰され、達成感を味わうことができます。「逃げれば地獄！　向かえば光明」新記録への挑戦をすることで、単調に見える仕事に起伏ができ、俄然面白くなるのです。

米国人がImprovementではなく「KAIZEN」だと教えてくれた

１９８４年、トヨタはＧＭとＮＵＭＭＩという名の合弁会社を立ち上げて米国で生産を開始しました。米国人のために「トヨタ方式」を英語に訳して先ず座学を徹底しました。さらに新工場のリーダーとして自信を持って業務を行えるように、日本の工場で現地現物に基づいて「トヨタ式」の実地訓練をしました。その訓練の中で逆に米国人から教わった言葉が「『改善』はImprovementではなく『ＫＡＩＺＥＮ』だ」ということです。

その理由は、欧米企業ではオフィスにいる身分の人だけが現場に命令を下せます。現場で働く身分の人はその人には一切口答えはできない習慣になっていました。悪い表現をすれば、ご主人様と奴隷の関係でした。それが一般常識になっている社会に、『人を責めずにやり方を攻めよ』（作業中にミスが発生したら、作業者が悪いと責めてはいけない。教えた作業方法が悪いとして真因を追求し、その作業方法を直しなさい）と教えます。それに加えて各作業者にストレッチ目標を与え、もっとうまくやれる方法を作業者自身に「考えなさい」と言い、良い案だと分かると皆の前で表彰します……。これは当時の米国人にとっては驚きの思想だったのでした。

彼等の表現を借りると、指示されたマニュアル通り寸分も違わず作業することが義務付けられて、考えるということを禁止され、牛馬や奴隷のような働き方だったのです。それが「トヨタ方式」では原則的なルールはあるものの、自分の頭で自由に作業方法を考え、自分の意志で目標を立て、それに向かって努力する自由人としての権利を与えられたということを意味したのでした。それゆえ「改善」はImprovementではなく「KAIZEN」なのだと教えてくれたのでした。この「KAIZEN」とは「魂の解放」であり、「人間性の回復」を意味すると彼ら米国人は教えてくれたのでした。

縷々《るる》書き進めてきましたが、3S化、コンベヤー化の弊害から作業者を守る一つの手立ては、間違いなく「KAIZEN」にあるとトヨタ自身が再認識して改めて全社に再徹底したのでした。

NUMMIには後日談があります。生産拠点はGMの廃工場でした。1983年工場整備に入ったとき、廃工場の内部は乱雑の極みで、駐車場にはビールなどの空き缶が放置され、コインロッカーには注射器が多数あったそうです。GMが間に入り、トヨタとは思想を異にする組合UAWもNUMMIに関しては矛を収めるという協定を結んで、新たに従業員を募集しました。結果として大半は元従業員だったといいます。

日本に来て実習を積んだリーダーたちは、その従業員に懸命に「トヨタ方式」を教え込みました。立ち上がり数年で日本と遜色のない品質を出せるようになり、やがて全米トップの品質で賞をもらい、生産性の高さでも表彰されるようになったのでした。

２００９年、ＧＭが倒産し、組合の抑えがなくなったので、トヨタも手を引き、ＮＵＭＭＩは閉鎖されました。工場最後の日、従業員は粛々と作業をし、最後に工場中を掃き清め、チリ一つない作業机の上には、工具類が整頓して並べられていて、何時でも作業開始できるようになっていたと言います。この場に立ち会ったトヨタの役員は25年前とのあまりにも違う姿に感激し、涙したと聞きました。

われわれトヨタの関係者は、ＮＵＭＭＩの皆さんが毎日自分に誇りを持ち、生き甲斐を持って働いていたことを知り、改めて「トヨタ方式」の方向の正しさを確信するとともに、さらなる完成に向けての努力を誓ったのでした。

本書の位置付け

ものつくり大学において客観的立場で進めた筆者の「トヨタ方式」に関する研究成果は、以下の３冊の書籍の形で出版されております。

『考えるトヨタの現場』ビジネス社２００５年

本書の初版本で、「トヨタ方式」のものの見方・考え方、それを展開した職場の在り方を、筆者の実体験をもとに、分かりやすいように一般化して書いた書物。各企業はこの考え方を理解したうえで『自社流』を確立し展開すれば顧客の信頼を得、長期繁栄を得られ、社会に貢献できることを説いています。

『トヨタ流現場の人材育成』日刊工業新聞社２００６年

『目標を明確にして課題を与え、自ら考えさせることによって人は成長する』という『トヨタ方式』の基本理念を中心に、如何にして従業員を人財に育て、自社の宝にして行くかを中心にまとめてあります。

特に、筆者が赴任したものつくり大学で行った「新入生に導入教育として自分たちだけでカヌーを設計・制作し競争する科目」で、新入生たちがどのようにしてカヌーをつくり上げながら成長していくのか。先輩は後輩を指導しながらどのように成長していくのかという内容は皆様の参考になると思います。筆者をものつくり大学に派遣した、当時のトヨタ名誉会長でもあった豊田章一郎氏は、自著『未来を信じて一歩ずつ』（日本経済新聞出版社２０１５年）の中でこの教育効果について詳しく記述されています。

さて、繰り返しになりますが「トヨタ方式」が目指すのは、「現場では品質（Q）を確保して、Lead-Time（D）を短縮すれば、儲け（C）は後から付いてくる。儲け（C）を追えば、品質（Q）も納期（D）も逃げていく」という「経営理念」でした。

トヨタ本体は勿論のこと、この「トヨタ方式」を使って企業を立て直してきた実績はたくさんありますから正しいはずなのに、「リードタイム短縮の効果」を会計学的に評価する術がないのが現実です。これが「トヨタ方式」の真の理解を妨げていたのでした。

そのため多くの企業では改善に取り組みながらも、成果を会計的に計算できる「人員削減」や「原価低減」に走り、意図に反して製造現場を痛めつけていったのでした。それはイソップの『金の卵を産む鶏』の寓話そのものでした。

筆者自身も物流管理部長時代、当時10兆円近いトヨタの「商品を速く届ける」のが本来業務と理解しつつも、数千億円に達する「物流費を低減させる」を優先すべしとの意見を説得できず、もどかしい思いをしていました。このときから「Lead-Time（D）を短縮すれば、儲け（C）は後から付いてくることを会計学で説明する」のがライフワークになったのでした。ものつくり大学に赴任してからも研究を続け、『Jコスト論』というまったく新しい会計理論を構築することができました。

（「時間軸を入れた収益性評価法の一考察」『IEレビュー』Vol.45 No1234号）

この『Jコスト論』を初心者にも分かりやすく説明し、「トヨタ方式」の持つ会計的意味を理解していただくために上梓したのが次の書籍です。

『トヨタ式カイゼンの会計学』中経出版（現ＫＡＤＯＫＡＷＡ）２００９年

ここでは、『Just In Time』の経営理念と、それを展開してリードタイムを短縮すれば、いかに企業経営を会計的に有利に導くかを説明する『Jコスト論』を紹介してあります。日頃会計学に縁遠い読者でも容易に理解できるよう、身近な例を取って分かりやすく説明してあるので、「トヨタ方式」に関心を持つ現場の改善マンから上級管理者にまで幅広く読んでいただきたい書物です。

最初にこの本を読むとお金儲けの術だけが頭に残り「現場管理」をないがしろにする恐れがあるので、筆者としては必ず本書を読んだ後でお読みいただくことをお勧めします。

トップ自身が「トヨタ方式」を学んで自社と比較して欲しい

2016年は丙申《ひのえうま》、日が金を溶かすという意味があると言います。その言葉から連想される火山噴火はないものの、九州では大地震が続いております。その報道の横では、ものづくり業界における以下のような激震級の報道が次々なされております。

液晶技術で一世を風靡したシャープが台湾メーカーの軍門に降り、ブック型パソコンを発明した日本を代表する重電機メーカー東芝が粉飾決算問題を起こし、三菱自動車は永年の燃費捏造が発覚して大きな社会問題になっています。東芝と並んで日本を代表する三菱重工も、豪華客船の建造が遅れて2400億円の赤字を計上し、国産ジェット機として期待されているMRJもその量産化の遅れが危惧され始めています。

日本を代表する大企業の有様は大変残念なことですが、その原因はどこにあるか、ものづくりに携わる皆様は良く学び、他山の石とする必要があります。

筆者はその原因は、「トヨタ式」に目もくれなかった老舗感覚にあると断言します。奇しくも筆者はこれらの会社の現場を拝見する機会がありました。どの会社も固有技術は世界の最先端なのに、本書の「トヨタ方式」の観点から見ると、その「現場管理」は職長もしくは下請任せで、合格点は差し上げられないレベルでした。

一方、米国企業の対応は違っていました。世界一を誇った米国のBIG3が日本にやり込められ、1981年にいわゆる日米自動車戦争に発展しました。時のレーガン政権は、自動車輸出の自主規制を迫ると同時に、学者を派遣して急先鋒のトヨタの急成長の秘密を探らせました。その答えは「トヨタ生産方式」と「TQC」でした。

「TQC」の対抗策として米国が「TQM」を考案し、広めた話は割愛しますが、「トヨタ生産方式」については米国企業でも展開しやすいようにアレンジして「リーン生産方式」として1989年に発表されました。これに米国の名だたる企業の経営者は飛びつき、モトローラー社、ボーイング社、GE社等々著名な大企業が先を争って導入していきました。

自動車の王者GMは米国におけるサプライヤーと物流を教える代わりに、工場における現場管理・生産管理を教えろとトヨタに近付き、前述のNUMMIという合弁会社を立ち上げ、幹部をそこで研修させ、デトロイト以外では着実に展開していきました。

その一方日本では、創業百年を超える老舗企業が新参者のトヨタのやることに関心を持つのは沽券に関わると思ったのか、トップ自らが真剣に取り組んだという話は数社しか聞いておりません。「下々にやらせておけばいい」という認識かと思います。

有名な「セル方式」を例に、トップが主導するとどう変わるのかを説明します。

かつてソニー美濃加茂工場で「セル方式」が導入され、生産性が飛躍的に向上したと話題になりました。工場敷地内で、職長レベルで見れば大改善であったかもしれません。

しかし日本全国のサプライヤーから生産計画に従って部品を美濃加茂工場に集め、その工場内で組立し、それを中央倉庫に保管しておき、販売計画に基づいて各地の配送倉庫に移し、販売店に送るという流れには何の変化もなかったのです。会社全体では何のメリットもなかったので、頑張った美濃加茂工場は残念ながらその後、廃工場になりました。

もし役員レベルでセル方式の展開を図れば、「大工場から運んで来た冷えたパンを売る売り場を、店内で焼いたできたてのパンを売るという改革」をモデルにして、リードタイム短縮を狙って以下の取り組みをすることでしょう。

同じセル方式でも、経営トップが全体最適に向けて陣頭指揮すれば、まったく違った展開になり、市場変動に即応するスリムな会社に変身できるのです。

ここに書いた事例は重く受け止め、経営陣から管理職は会社の全体最適に向けた「改革」を目指さなければならないことを肝に銘じていただきたく思います。肝に銘じて現場に立てば、自ずと皆様がやるべき改革、御社が進むべき道が見えてきます。

末尾になりましたが、改訂版発行の構想を練り実現していただいた唐津隆ビジネス社社長にお礼を申し上げます。さらに東京大学大学院経済学研究科MMRCの芦田尚道先生には、若い研究者という立場から精読していただき、10年間の時代のギャップを埋める表現や、若い人には難解な部分をつぶさにご指摘いただきました。おかげ様でどなたにでも分かりやすい文章に変えることができました。

本書がものづくり日本の再興に少しでも役立てばと願っております。

2016年4月吉日

株式会社　Jコスト研究所　代表　田中正知
http://www.j-cost.com/
ものつくり大学名誉教授

はじめに

トヨタ方式に関する書籍は多い。一番の名著は、トヨタ方式をまとめ上げた本人である大野耐一氏の『トヨタ生産方式』（一九七八年、ダイヤモンド社）であろう。以来すでに三七年も経つ。今読み返しても古さは感じられない。私はかつて教員を務めたものつくり大学で「生産性管理」講座の教科書として使わせていただいた。書店では今でも売られている。

しかし大野耐一氏は、トヨタ自動車で改善を指導したご本人であり、同社の副社長、豊田合成の会長等を歴任した方だが、他社の経営者を意識して書いているため、ある程度の改善体験と、経営者マインドがないと理解が難しい部分があるのではと懸念される。特に氏の潜在意識、美意識、人生観等がトヨタ方式の理解の助けになると思われるが、この部分の記述が少ない。

トヨタ方式については多くの研究者も書物を発表している。ＭＩＴのウォーマック教授ほかの『The Machine that Changed the World』（『リーン生産方式が、世界の自動車産業をこう変える。』沢田博訳、一九九〇年、経済界）は、トヨタ方式の本質をよくとらえ、欧米の管理法との違いを際だたせている。ただ米国の経営者への警鐘としてはよくできているが、現場の小集団活動などの経営思想は伝え切れていない。

ポートランド州立大のＨ・トーマス・ジョンソン教授ほかの『Profit Beyond Measure』（河田

信訳『トヨタはなぜ強いのか』二〇〇二年、日本経済新聞社）は会計上の数字だけを見て管理する「結果による管理」がいかに企業をダメにするかを明らかにし、その対極としてトヨタ方式を「過程による管理」として大きく評価している。その部分の経営思想の解説にはなっている。

日本の書店に並んでいるたくさんのトヨタ自動車に関する書籍は、トヨタ自動車の外部の人が独自の調査を基にして書かれたものだが、多くは結果が主体であり、やっていることの本当の「狙い」はなかなか分からない。

その一方でトヨタの中にあって一生懸命やってきた人には、他の会社との違いが分からない。トヨタ方式自体も茶道などの稽古事と同じで、まず形（行動）から入っていき、繰り返しの中から哲学を悟れという方式を採っているので、トヨタ方式のものの見方・考え方を書いた書物が乏しい。

本書は私がトヨタで組立課長をやっていたときの経験を基に、第一線で部下を使い成果を上げている部課長や工場長クラスの方たちで「トヨタ生産方式」について関心のある皆様に、「トヨタ方式はどのような思想をベースにつくられたもので、何を狙ったものか」「だから管理者・経営者は、何を考え、何をなすべきか」についてまとめたものである。

本書を読まれる前にいくつか述べておきたいことがある。

（一）本書では生産現場だけでなく物流など他分野にも適用できる議論、さらにはものの見方・

考え方の議論をする。従って、ここでは「トヨタ生産方式」ではなく、「トヨタ方式」という言葉に統一した。

（二）本書で述べる「トヨタ方式」というのは、決して二〇一六年の今現在のトヨタ自動車でやっていることという意味ではない。

私がトヨタに在籍していた二〇〇〇年までの約三五年間にわたって諸先輩の指導のもとに改善を進めてきたが、その間、追い求めてきた「あるべき姿」のことを言う。その後、大学で客観的に教科として教え、さらに独立したコンサルタントとして内外の改善の手伝いをしてきたが、そのつど新しい発見があった。トヨタ方式はそんなにも奥深いものであった。

（三）トヨタ方式を「トヨタでやっている方式」と教える人もいる。これは誤解を与える。

現に大野耐一氏は「今やっている方法はろくでもないものだと思え」と戒めている。

トヨタの現場だってピンからキリまである。時代とともにどんどん変わる。

二〇一六年の今日、かいま見るトヨタは、ここに書いたトヨタ方式の「あるべき姿」から見ると、まだまだである。それ程道は遠いのだ。

（四）トヨタ方式とは、トヨタがこうありたいと思い、一生懸命努力して目標に向かう方法論であると理解していただきたい。

そんな気持ちで本書をお読みいただき、皆様の会社のあるべき姿と、そこに向かっての改善目標がイメージされれば幸いである。

（五）トヨタ方式の改善では、在庫を減らすために一時期減産することになる。経理部等と事前に十分な折り合いをつけておかないと、現在の会計論では減産した分が赤字に計上され、大目玉を食う心配がある。十分注意していただきたい。

本書が読者の職場運営に少しでもお役に立てればと願うものである。

二〇一六年四月

Jコスト研究所代表　田中正知
（ものつくり大学名誉教授）

CONTENTS

第二章 「自働化」とは何か？

CONTENTS

第五章　「改善」とは何か？

第六章　「トヨタ方式」進化の過程

CONTENTS

序章　トヨタ方式の土台にある思想

──「人間性尊重」「諸行無常」「共存共栄」「現地現物」

◆序章のポイント

①「トヨタ方式」とは経営哲学であり、人生哲学である。
②その基本思想は「人間性尊重」「諸行無常」「共存共栄」「現地現物」である。
③「共存共栄」とは、社会に貢献し続けることを意味する。

トヨタ方式をより深く理解するためには、その根底に脈打っている思想を理解するのが近道である。代表的な「人間性尊重」「諸行無常」「共存共栄」「現地現物」の思想について説明する。

1 人間性尊重（人を大事にするとはどういうことか……）

「会社は絶対潰しちゃいかん！」

一九六七年の春、名古屋大学の大学院を卒業した私はトヨタ自動車工業に就職した。入社後の4カ月間、社内研修として私はいろいろな職場を回ったが、行く先々の部署で現場の班長クラスから決まって言われた言葉がある。

「将来、お前たちは会社を背負って立つ立場になるだろう。だからこそ言っておくが、どんなことがあっても会社を潰してはいかん。そのことを肝に銘じておけ。俺たちは会社あっての社員なのだ」

当時は一九六〇年の安保闘争に端を発した左翼運動が世を騒がせ、学園闘争、労働争議が花盛りであった。海の向こうに目を転じれば、ベトナム戦争が泥沼化しつつあった。「米帝国主義」という言葉が流行し、「資本家は労働者の敵であり、資本家を困らせることが労働者の利益になる……」といった風潮の真っ最中であった。

そんなとき、「資本家は敵である……」と言うはずの労働組合の中堅の立場の人から聞いた「会社は絶対潰しちゃいかん！」という言葉は意外で、私には驚きであった。

当時の班長クラスの人たちは、トヨタが一九五〇年に経営危機に陥ったとき、「首切り反対！」を唱えてストを張り、生活費を確保するために鍋釜をつくって売り歩いたという。そのとき世間の厳しさ、冷たさを思い知らされ、心底惨めさを味わった彼らにしてみれば、「あんな思いをするのは自分たちだけでたくさんだ。二度とあんな思いをしないために頑張ろう」が信念となっていたという。

トヨタの製造現場における「改善」活動の原点にはそんな思いがある。現場だけではなく、管理部門などトヨタで働く人の多くが同じ思いを共有している。

特に職員や管理者にとっては、創業者で、敬愛する豊田喜一郎社長が人員整理に反対し続けていてくれたが、最後は人員整理に踏み切らざるを得ず、そのことで引責辞任したことへの思いが強い。

「わしらが不甲斐ないばかりに喜一郎さんをクビにしてしもうた……」

その後のトヨタのトップになった人たちは、ある人は経営者側で、ある人は組合側で、この地獄の争議の当事者として厳しい決断をした人が多かった。彼らは、「絶対にトヨタを潰してはいけない。トヨタを潰さないためにはどうするべきか？」と自問し続けた。そうやって会社を経営してきた。その中で次のような確固たる経営理念が確立され、それを継承してきた。

「会社あっての従業員であり、従業員あっての会社である」

トヨタは、よく経済誌には一九五〇年の経営危機以降一度も赤字を出していない優良企業であるとして評価されているが、中にいた人間は違う感覚で見ていた。それは「会社あっての従業員であり、従業員あっての会社である」という確固たる信念の下で、ニクソンショックや石油ショックがあったが、二度とあの経営危機を起こさないように社員全員が自己改革に努めてきた。その成果で二〇〇八年のリーマンショックまでは赤字という事態に陥らずに来た。

その自己改革の成功例が、トヨタ方式として体系化されてきたと考えている。

「従業員を解雇しない」

という経営方針はその後の海外進出でも受け継がれた。社会風土の違う欧米からは奇異な目で見られた。ムーディーズからは格下げの評価をもらったこともある。この件は当時の奥田碩会長が断固抗議したことでマスコミを賑わしたので、ご承知の方も多いと思う。その後、幸いなことに「解雇しない」ことの大切さが理解され、評価はプラスの意味合いが強まった。

トヨタには各方面から経営の立て直しの依頼があるが、お手伝いするための第一条件は、改善して浮いてきた人員に新しい職場を確保することになっている。

トヨタ方式における人間性尊重は「解雇しない」ということだけではない。

トヨタ方式における人間性尊重とは「ありのままの個人の能力」を受け入れて、その能力で手の届くちょっと上の目標（ストレッチ目標）に挑戦していくことで持てる能力を存分に発揮してもらうことである。上の目標に挑戦することで、日々その人の能力は向上していく。仲間は向上した能力を認め合い、その努力を讃え合う。そのことで、本人は仲間の中で自分に自信を持ち、努力した自分に誇りを持つ。トヨタ方式における「人間性尊重」とは、仕事の結果が仲間のためになり、会社に貢献しているという実感を味わうことで、「職場に対する帰属意識」と「働き甲斐」を持ってもらうことであると考える。

「人を責めずにやり方を攻めよ」

人間性尊重とは、個々人の人格の尊重である。このことを「人を責めずにやり方を攻めよ」という言葉で現場に浸透させている。悪意を持ってやったことは別として、善意の下での過失、たとえば誤品を組み付けたり、取り付け忘れがあったりしたとき、その責任は作業した個人には一切問わない。個人の人格の責任ではなく、作業方法に原因があると考える。そして、その作業方法を教えた上司に問題があるとするのだ。

だからその対策とは、「どのような作業方法にしたら誤品が出なくなるか？」を責任者である上司が考え改善することになるのだ。

ときには担当するグループが全員で考えることもある。部品の配置を変えたり、隣と一部の作業を入れ替えたりする大がかりな対策はこの方法で容易になる。原因は本人ではなくその「やり方」にあるという考えが染み渡っているので、自分だったらこのやり方でやるなど、活発な意見が出てくる。「俺は、今ちょっと余裕があるから、この項目は作業をやりながらチェックができるよ」といった仲間からの提案も出てくる。このようにして個々人の人格を認め合いながら、職場成績を上げる同志としての人間関係が築き上げていけるのである。この人間関係こそ、個人にとっても、職場にとっても、会社にとっても「宝」なのである。

トヨタ方式は、この「宝」をつくることを目的にしている。

2 諸行無常（すべてのものが変化していく中で何をどう管理するべきか……）

「現場管理のイロハ」「経営のイロハ」などという言葉がある。ここでいう「イロハ」とは基本的重要事項という意味である。

では、「イロハ」とは何か……言わずと知れた、弘法大師の作とされる歌のことである。

色は匂へど散りぬるを
我が世誰ぞ常ならむ
有為の奥山今日越えて
浅き夢見じ酔ひもせず

江戸時代、寺子屋で子供たちに読み書きを教えるときに使われてきたこの歌の意味するところは深い。一口で言えば「諸行無常」である。幼い子供たちに「世の中は毎日毎日変わっていくものだ。今日栄えていた店も明日は潰れるかもしれない。今日みんなに軽蔑されたとしても、明日は尊敬されることになるかもしれない。毎日精進を重ねることが大事だよ……」と諭したものであるという。

もう少し具体的な話をしよう。製造会社を例にとれば、会社として世に出した新製品は爆発的に売れるかもしれないし、すぐに売れなくなるかもしれない。管理者に与えられている条件はすべて「諸行無常」である。

まず、作業スピードについて考えてみたい。

図1-1を見ていただきたい。ここに示した図は、インダストリアル・エンジニアリング（IE）の世界では「作業習熟曲線」としてよく知られている現象である。

新製品立ち上げ以降、現場の作業は一日何百回も繰り返すうちにドンドン速くできるようになっていく様子を示している。

よく意味が飲み込めないと思う方は、右利きの方なら左手でご自分の名前を書いてみて、それにどれだけの時間がかかったか計ってみていただきたい。この作業時間が習熟曲線の横軸ゼロ付近の値を意味している。いつも書き慣れた右手で書いた作業時間が十分習熟した後の作業時間を指している（横軸右側）。慣れてくると、初めてやったときの一割とか二割の時間で同じ作業が、しかも高品質でできるのである。

さて、その安定していると思われる慣れた右手であっても、かかる時間は体調の変化で変わるし、気の持ち方で変わる。速さ

図-1　作業習熟曲線

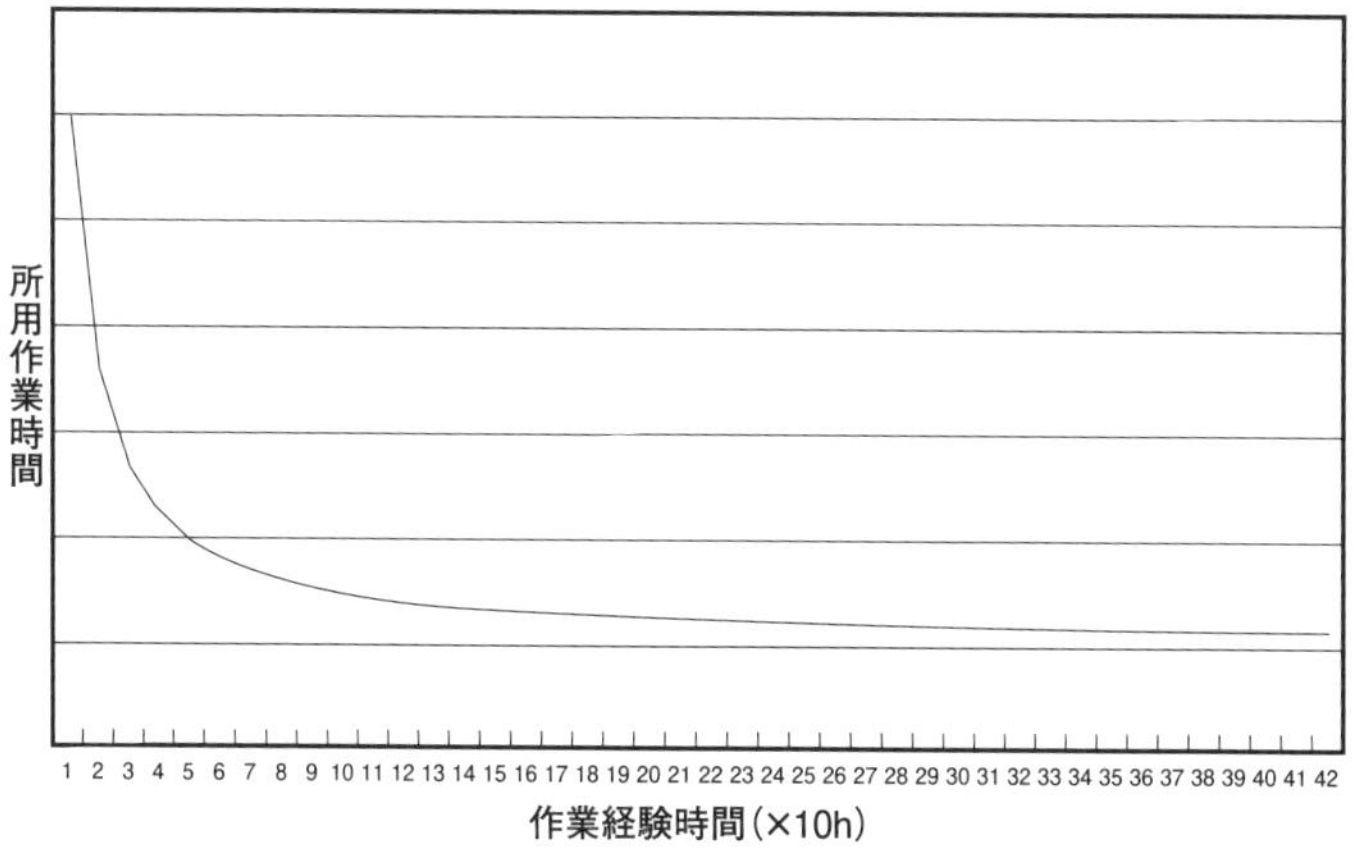

の個人差もまた大きい。このとらえどころのない時間を、あなたの会社はどのようにとらえ管理しているのか？

次に図1-2を見てほしい。これは信頼性工学では有名な「バスタブ曲線」である。設備ができてからの時間経過に従って、どのような頻度で故障が起きるかを表している。人間と同じで、生まれたばかりの赤ちゃんは病気にかかりやすい。青年期から壮年期にかけては丈夫でかなりの無理もきく。やがて老年期を迎えるとあちこち身体にガタが来ており、無理はきかず、病気がちになる。これはたくさんの機械の生涯を観察して得られた結果としてのデータである。

あなたの会社が生産管理にMRP（計画生産）をお使いであれば、設備故障率は何

図-2 バスタブ曲線

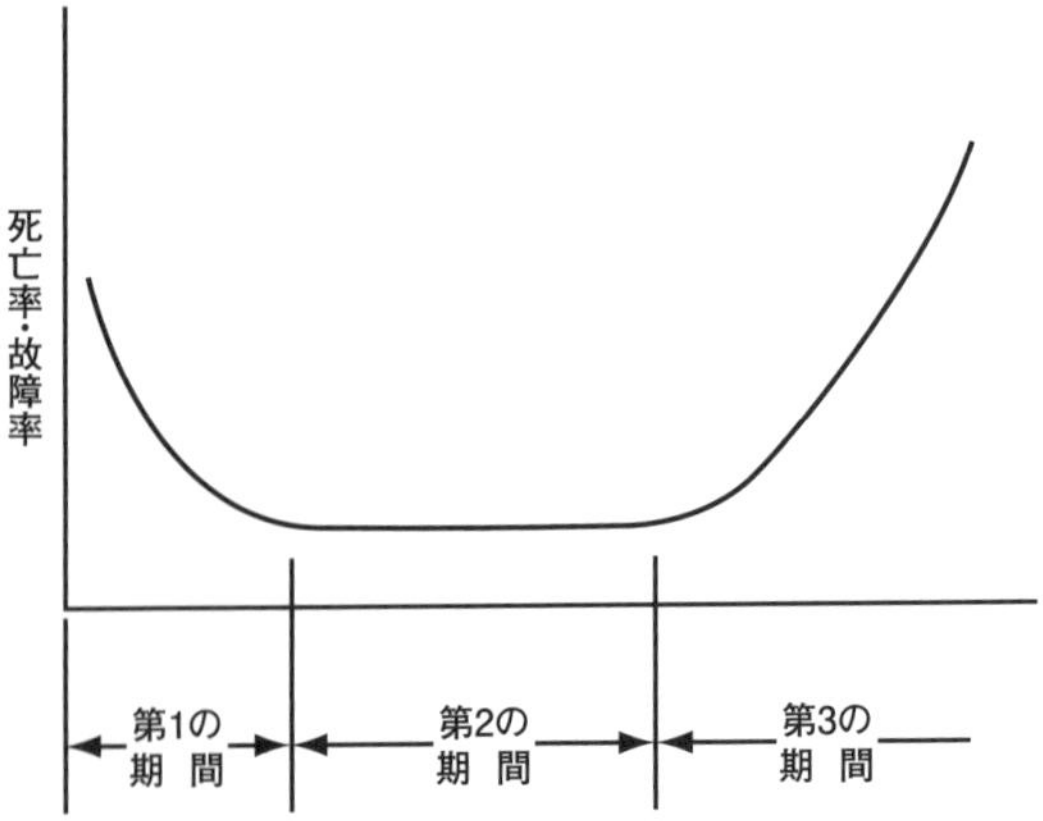

を根拠にどんな数字を使っているのであろうか。少なくとも工場稼働初期に合理的と思われた数字より、数年経ったときは故障率は大幅に下がってくるのが通例である。

最後に表1-1を見ていただきたい。二〇一五年度の日本の人口ピラミッドである。大きく見て山が二つあることが分かる。64～69歳が終戦後に生まれたいわゆる団塊の世代（baby boomer）である。その世代の子供が第2baby boomerとされる世代になる。

二〇〇七年頃に人口の一番多いこの団塊の世代が一斉に定年を迎えるから彼らの持つ技能が伝承されるか否かの『2007年問題』は、一部の人たちを定年延長させるとか、急遽技能伝承の講習会を開くことで何とか対応できた……というのが一般的な考え方である。

しかし、別の捉え方がある。学問や技芸などで、核心となる大切な事柄を極意と言うが、この極意は厄介なことにヴィールスと同じで生身の人間の中に宿していて、同じレベルの経験をした人にしか伝わらない性質を持っている。芸事では極意を伝えたという免状が与えられ、学問の世界では博士という学位が与えられる。

この極意という概念で製造工場を見ると、通常の業務は職長を頂点にした組織で粛々と進むが、困難に直面したとき各方面の極意を体得した人が表に表れ問題解決していくことに気がつく。そしてその極意を体得した人とは、会社が成長したり、拡大したときに第一線で苦労し大きな役割を果たした人たちなのだ。

表-1　わが国の人口ピラミッド

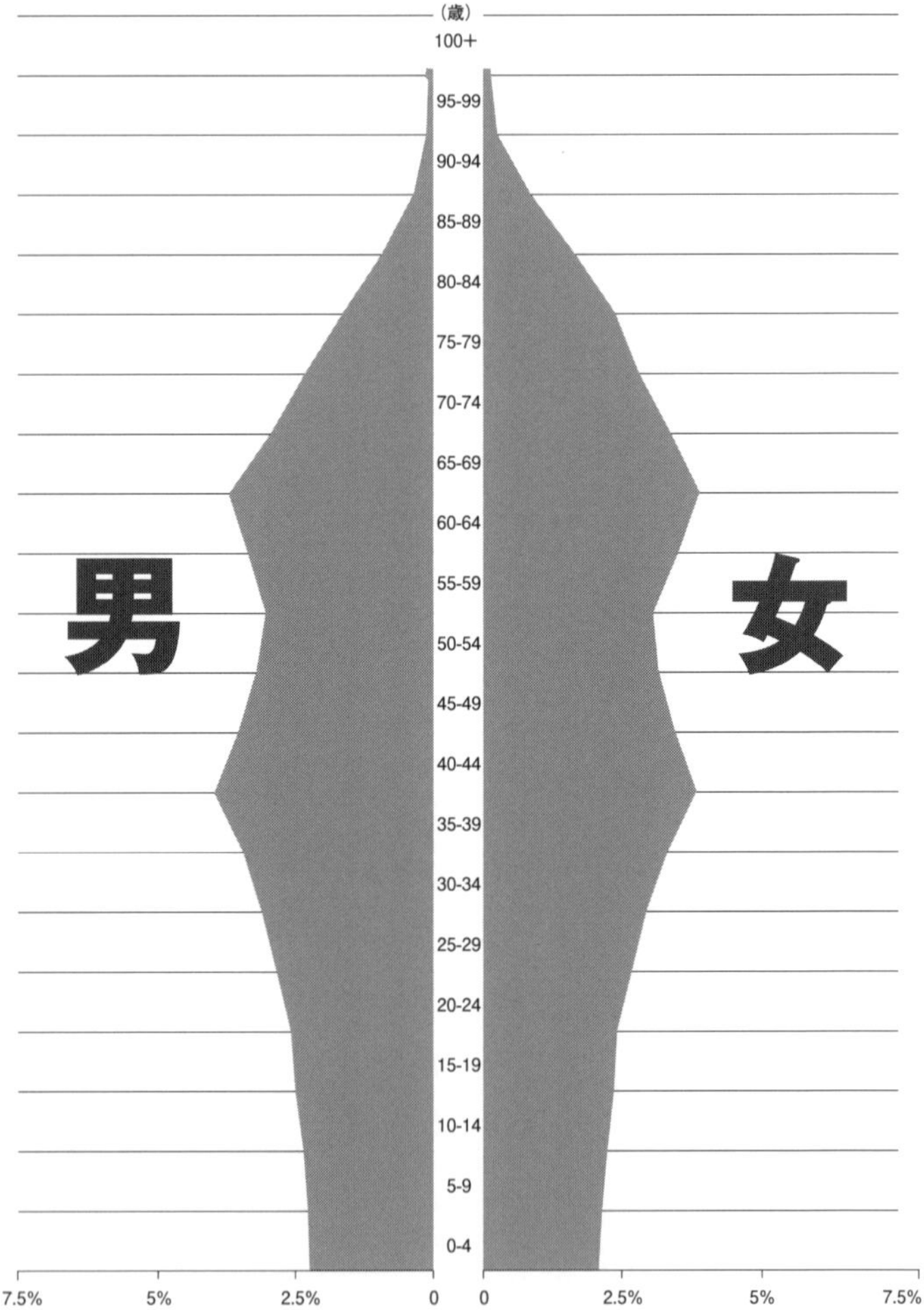

2015年　人口1億2657万3000人

世代交代の問題は退職する人数にあるのではなく、どの部署にどんな極意があり、それが先輩から後輩にどう伝えられているかにあると言える。

複雑すぎて人間では管理ができないとしてコンピューターシステム化が進んでいる列車運行管理システムを、東京の鉄道会社、京急では現場を熟知した人を育成し、電車の運行管理に深く関わらせることがトラブルに強い鉄道につながるとしそれを堅持しているという。これぞ極意の伝承の好事例である。

御社の構成員の人口ピラミッドはどうなっているのか、どの世代にどんな極意を持った人がいるのか、その極意はどのように伝える仕組みになっているのか、つねに意を払うべき課題である。

ちなみに極意の伝承を避けるためにトヨタでは『外注化するとしても2割は残せ』と言う不文律があった。

世間には、「不安定な時代でけしからん」「先が読めないのは困る」などと言って怒っている経営者がいる。それで怒るのは筋違いである。

先が見えていてやることが決まっていれば社長は要らない。先が見えないからリーダーが要るのだ。後から述べるが、そのようなリーダーを育てるのもトヨタ方式の目的の一つなのである。

個人にとっても、人生、先が見えないから面白いのだ。

3 共存共栄（限りある地球上では、末長くお付き合いし共に栄える道しかない）

「共存共栄」という概念がトヨタ方式の根幹にある。

企業として考えると、商品を買っていただくお客様との「共存共栄」がまず挙げられる。トヨタ方式では商品の値段と数量はお客様が決めてくださると考える。商品はあくまでお客様の自由意志でお買い求めいただくものなので、この値段を上げ、数量を増やそうとするには、より良い商品をご満足いただけるサービスで提供するしか方法がないと考えるのである。

次に「共存共栄」を考える相手は、仕入れ先である。安いほど良いとして納入価格を買いたたくという記事がよく経済紙面に載っている。やっかみ半分の記事で「トヨタはいちばん儲かっているからいちばん買いたたいているに相違ない」といった趣旨の記事が載ることがあったが、それはとんでもない誤解である。仕入れ先の採算の合う価格で購入していて、もし仕入れ先の会社業績が悪化してきたら、トヨタから改善部隊が立て直しのためのお手伝いに行く仕組みになっていた。

私も改善部隊に所属していたが、まったく無償でトヨタから派遣される。業績が改善されるまで泊まり込みで、仕入れ先と渾然一体となって改善を進める。成果が出てきたらさっさと引き上げる。改善効果は仕入れ先のトップとトヨタのトップには詳しく報告されるが、一切購買部門には伝えないことになっていた。

「売値はお客様が決める」「仕入れ値は仕入れ先の採算の合う価格で」となると、どうやって儲けることになるのであろうか。当然自社内を厳しく攻めていくことになる。その矛先は企業活動全般に及ぶ。このことはトヨタの原価低減活動のすさまじさとして一時期マスコミを賑わしたことがある。当然、原価改善の矛先は設計にも向けられ、VA（価値分析）・VE（価値工学）活動が活発に行われている。一九七三年の石油ショックのとき、営業利益の予想が50億円程度に留まりそうだという危機感があって、最も量産している車種カローラで徹底的な見直しを図って一万円／台の原価低減をしようという話が持ち上がった。

私の担当した組立部会の改善目標額は半年間で三千円／台であったが、結果として三千四百円／台の成果を挙げることができた。会社全体では一万円／台の目標はかなりの余裕を持って達成できた。この後、コロナ、クラウンと各車名のついた原価改善プロジェクトが立ち上げられ成果を挙げていく。このプロジェクトは恒例行事になり、新型車発売一年以内で、市場の反応も入れて、原価の総見直しを行うことになっていった。
このように全社で原価低減した総額は、決算報告のときに発表される「原価改善効果」となる。社員が一丸となって改善しているから、利益が上がっていくのだ。

「共存共栄の優先順位」

実務を展開する場合、あらかじめ優先順位を決めておく必要がある。
トヨタ方式では次のように考えている（トヨタとしての指針を内外に示した『トヨタウェイ二〇〇一』に書かれていることを分かりやすく解説したと理解していただくと幸いである）。

第一優先：お金を出して商品を買っていただく多数のお客様との共存共栄

お客様に商品をお買い上げいただき、その代金で私企業は存続しているのであるから、何はさて置いてお客様第一である。
お客様のご満足いただける商品を誠意を持ってタイムリーに供給し続けなければいけない。つねにお客様の欲求は移ろう。市場は変化する。その変化を察知してつねにお客様の好みに合う新製品を出し続けていくことが肝心である。

第二優先：地域・環境・関係企業との共存共栄

企業を支えてくれているのは、地域と関連企業であることを認識しなければいけない。関連企業に対する認識は、自社のできないところや、不得意としている業務を代わってやっていただく仲間であり、立場は平等である。一例として仕入れ先との関係は先に述べた。

トヨタが地域の問題に本気で取りかかったのは、自力海外進出第一号の『米国ケンタッキー工場』であった。トヨタの当時の副社長で、ケンタッキー工場の総責任者であった楠兼敬氏は、しばしば私の勤めていた田原工場に点検に来ては幹部を集め、世界情勢の話をしてくれた。その中でケンタッキー工場が『米国の工場』としてケンタッキー州民から認められ、愛されることの大切さと難しさを、熱い言葉で説いてくれた。

「地域貢献のために寄付を始めたら、さまざまな団体が列をなして陳情に来た。その道の専門家からなる委員会を組織して峻別をし、寄付額を決めさせることにした。地域貢献は結局お金よりも日本からの出向者と、現地採用の社員とが出向いていって、地域の人とともに汗をかいて活動をするのがいちばんだと悟った」

「湾岸戦争のときはきつかった。日本ではマスコミが反対の路線で論陣を張っていたが、米国事業体にとってみれば、直接の部下の従業員だったりその家族が実際に戦場に赴くのだ。上司として何をなすべきか日本との板挟みとなって悩んだ……」

ということを聞かされた。

「結論として自分の責任でランドクルーザーなどを米国に寄付した」という。これは事実上「米国の工場」になるための踏み絵であったのだ。

その後に起きた貿易摩擦で自主規制云々のとき、ケンタッキー州は、「トヨタはケンタッキー州の自動車会社である」として、全面的に応援してくれた。

地域対策が実を結んだ一瞬である。

そしてトヨタは、「地域対策とは米国、英国、仏国など外国だけの問題ではない。日本国内においても、世界のどの国に行っても本質的にはまったく同じである」と気がついた。地域住民に嫌われ「出て行け」運動が起きたら企業は存在できないのだ。

今関心が持たれているのは、「持続可能（sustainable＝サステイナブル）」という言葉で全世界的に取り組まれるようになってきている、これは自然環境との共存共栄である。

トヨタは今このテーマに真剣に取り組んでいる。温暖化対策を例に取れば、ハイブリッド車は、温暖化対策の決め手になると評価され始めているが、これは自らに課した低燃費の目標を達成した成果を世に問うという形で発売を開始した。

まさに世界のデファクト・スタンダードを手に入れた感がある。

関連企業との関係について、大野耐一氏は、「**難しいことは自社でやる。やさしいもの**

を外注に出す」との観点から厳しくチェックした。企業は大きくなるほど、中で働いている人は横着になる。楽をしたいと思うのが人の性である。

放置したら、簡単な仕事だけが自社内に残り、肝心な技術は外に出てしまう。これでは厳しい市場競争で戦えなくなる。

初代カローラでマックファーソン・タイプという日本では初めてのフロント・サスペンションをつくった。このときトヨタの先輩たちが苦労をして社内で開発し製造していたという。

世界トップのハイブリッド技術は、肝心のバッテリーは松下との合弁会社でつくり、電力制御の難しいところは、内製しているという。他社に真似できないレベルまで自分を鍛え上げた成果と理解できる。

第三優先：従業員との共存共栄

従業員が働く気になってもらうためにはただ、給料を多くすれば良いというわけではない。従業員一人ひとりをありのままで受け入れ、一人の人間として認めることから始まるのだ。

つねに上位の仕事に挑戦させ、成長を実感させること。仲間がその成果を認め、公正に評価し、その人が仲間の中でなくてはならない役目をこなしていることを実感させることである。ただこれだけなら、どこの会社でもやっている。

トヨタ方式でわれわれが目指したことは、もっと高尚なところにある。

従業員が自分の会社のやっていることに賛同し、その一員であることを誇りに思う。このことがいちばんやる気を起こさせるのである。この実感を持てば、会社を自分の理想とする方向に動かしたという実感が持てていればさらによい。この実感を持てば、会社と従業員はもはや同志という関係になる。このような関係にいくことを従業員との「共存共栄」ととらえたい。

第四優先：株主との共存共栄

トヨタ方式では企業の目的は社会に貢献することにあり、それを維持し続けるための手段としての金儲けである。金儲けは決して企業の目的ではない。言い方を換えると、長期安定した企業存続を目指すことで、株主には長期的に安定した配当をお届けし配当総額を大きくすることを狙っている。

しかし一九九〇年頃は、社内留保資産に比べて株式の時価総額が低いと喧伝された。トヨタの規模でも乗っ取られ切り刻んで資産として売却されてしまう危険性がないとは言えない。最近のトヨタは配当比率を上げ、自社株買い付けもやり、株価向上に力を入れ始めている。

4 現地現物（現地を見て全体像を把握すること。神は細部に宿るという）

豊田佐吉翁の昔から言われ続けてきた言葉である「現地現物」とは何か。よく考えてみるとその意味するところは多く、深い。

私が新入社員教育を受けたとき、トヨタ自動車の創業者・豊田喜一郎氏について二つの話を聞かされた。

（1）豊田喜一郎社長の腕まくり

「現場で職長たちが、機械の調子が悪い云々と議論を交わしていたところに豊田喜一郎社長が通りかかり、『どうした？』と訊かれた。事情を説明したら、黙って腕まくりをし加工油の中に手を突っ込んで泥状になった金属かすを取り出し、『油の管理ができていない』と叱って立ち去った」という。

（2）豊田喜一郎社長の演説

「トヨタには一日に三回以上、石けんで手を洗わない技術者は要らない。なぜならば人間は命を左右するような決断を前にしたとき、読んだことや聞いたことではハラは決められない。自分の体験したことのみを基準にして決断を下すからだ」と。

入社教育はこの二つの話をしただけで、後は考えろということであったと記憶している。豊田喜一郎氏は「現地現物」にどんな思いを込めていたのか読者も想像してみてほしい。

一般には「現地現物」とは、

「理論は前提条件を簡単にして成り立っている。現実は前提条件が違うから理論通りにはいかない」

「予期せぬ出来事がさまざまあって、作戦本部の指示通りには前線部隊は動けない」

などの意味に使われる場合は多い。多くはその通りに受け取ってよい。

ただ、これだけは明言しておきたい。

「『現地現物』は現場を見て回ること」だが、安易な気持ちで現場に行ってはいけない。製造課長が現場を見て回るときは、現場が自分の方針通り動いているか、その結果職場が目指す方向に行っているか否かを、点検して回ることである。真剣勝負の場である。

部下が間違ったことをやっていたのに課長がそれを見落とし、黙って通り過ぎていけば、部下の立場では「課長が暗黙の了解をくれた」と信じてしまう。

会議室の抽象論から作業現場に足を踏み出すとき製造課長の「現地現物」にはこれだけの奥行きと覚悟が要るのだ。

トヨタ方式の改善マンが現場に行き、現物を見るとき、そこにある景色は「ある原因の結果」と見る。結果である景色を直しても、解決にはならない。「現物を見る」のではない。「現物を通して全体像を見る」のだ。見えた全体像が病んでいれば、その原因は何かを探っていき真因を突き止める。そして、体力にあった治療をし、快癒に向かわせる。これが改善マンにとっての「現地現物」である。

ここまで、トヨタ方式をより深く理解するために、根底にある思想の「人間性尊重」「諸行無常」「共存共栄」「現地現物」について説明してきた。

この四つは、日本人が遠い昔から大切に持ち続けていた思想で、ややもすれば忘れ去られようとしている考え方である。しかし企業経営には大切な考え方だと思い直していただき、次章に進んでほしい。

第一章 「トヨタ方式」の正しい理解のために

――最小在庫量はつくり方で必然的に決まる

……「トヨタ方式」は「トヨタがやっている方式」ではない。「トヨタが追い求めてきた方式」で、トヨタ自身もまだ道半ばである。あなたの会社がトヨタに並び、トヨタを抜く日が来るかもしれない。

◆第一章のポイント

①「トヨタ方式」とはものの見方・考え方である。
②トップが先頭に立って進めないと、「トヨタ方式」の導入は成功しない。
③困った人が行動を起こせばよい。

5 トップのあり方が「トヨタ方式」導入の鍵を握る

つねに身体を張って陣頭指揮するトップは、「顔の見える経営者」と称されている。トヨタでも、トップはつねに最前線に立ち、自ら率先して現場を歩き、工場の状況をこと細かに観察し、第一線の従業員と会って話を聞いた。それが経営の「魂」であり、トヨタの「経営哲学」であった。

私が高岡工場の係長だったころ、工場の中に帽子もかぶらず、よれよれのワイシャツで首をかしげて歩いている中年の男性がいた。どこかで見た人だと思って黙礼をして通り過ぎた。通り過ぎてから気がついた。当時の社長、豊田英二氏だった。まさか社長が一人で工場の中を歩いているとは思わなかったので、すぐには分からなかったのだ。

豊田英二社長は一時間でも、二時間でも時間が取れると、誰にも告げず自分で車を運転して工場にやって来るのだった。そのほうが普段のままの工場を見られるからだという。見るだけではない。豊田英二氏は幹部たちに何気なく、「××君、○○○は、どうなっている？」と訊いたという。

訊かれたほうは驚きながらも、咄嗟の質問に懸命になって答えようとする。答えられないと恥をかくことになる。そんな経験をすると、自分の担当範囲についてはいつ何時でも即座に答えられるように追い込まれる。特に「現地現物、実情実態」を正確に把握していなければ、報告事項が空論と受け取られかねない。幹部たちは、工場の隅々まで歩き、自分の目で確かめて回るようになる。

豊田英二氏には、代々の工場長に言い伝えられた伝説があったという。工場の設備改善を提案した稟議書を持って行ったところ、その役員より社長の豊田英二氏のほうが工場の実情・実態をよく知っていて「あそこは××が×××となっているはずだが、稟議書の内容はこれで良いのか？」と訊き返された。稟議書を持って行った役員は真っ青になったという。

どこの会社でも、トップ自らが自社内を見て回り、最先端の「実情・実態」を把握して経営に当たっていれば、役員はもとより管理者も机にふんぞり返って書類に判子を押しているだけでは済まない。良い意味で緊張した雰囲気が溢れてくる。

こういうタイプのトップが、自ら先頭に立って導入を図らないと、トヨタ方式の定着は難しい。

6 なぜ「後工程重視」なのか

日本経済が不況にあえいでいた一九九〇年から二〇〇〇年初めにかけて、経営が厳しい局面を迎えている会社は多かった。どこの会社も、何とか利益を上げようともがいていた中、「トヨタ方式」を採用する会社がますます増えていた。会社だけではない。日本郵政公社も「トヨタ方式」を導入したことで一時話題を呼んだ。しかし、導入した会社がその後すべてうまくいったという話は聞かない。うまくいかない原因が「トヨタ方式」にあるなら、当時のトヨタが純利益一兆円を達成できたはずはない。トヨタで成功して、トヨタ以外の会社などでうまくいかない原因を追求していくことで、「トヨタ方式」とは何なのかが見えてくるに違いない。

うまくいかない原因の一つとして考えられるのは、「トヨタ方式」を正しく理解していないことにある。トップが号令をかけて、力ずくで形だけ導入してもだめである。「トヨタ方式」を浸透させるには、その真髄を理解することから始めないといけない。その理解も、会社全体として、営業の最前線から製造現場、購買まで社員全員の考え方を徹底して「トヨタ方式」にガラリと変える必要がある。

変えるに当たっての最も大きな問題は、会社の中枢部に存在している。実は会社の中枢部こそ「トヨタ方式」のいちばんの「妨げ」なのである。実際に「トヨタ方式」を導入しようとすると、会社のいろいろな部署から反対の声が上がる。今まではやり方を一八〇度変えるわけだから、「何でこんなことをしないといけない！」と言われる。いちばん反対が大きいのは、経験上からは営業部門である。なぜなら、「トヨタ方式」の柱の一つである「在庫低減」の考え方が、従来の営業の考え方と相反するからだ。

営業にとって最も理想的な状態とは、在庫をたくさん抱えて、「好きなときに・好きな量だけ・好きなように売る」ことである。注文が入ったのに在庫がない状態を営業マンは徹底的に嫌う。営業関係者は口癖のように「販売在庫（量）は確保した」という言葉を使う。売りたい商品の在庫がたくさんある状態が営業部門にとってはいちばん良い状態なのだ。

しかし、「トヨタ方式」では在庫（量）は低減の対象だと考えている。確保すべきは供給ラインであり、補充ルートであると考えている。売れた分だけ補充できるようにすることを理想としている。

営業部門の次に反対が大きいのが商品開発部門である。こちらの言い分は、「最高と思える商品を自分たちのスケジュールで開発する。売れなかったら営業が悪い」である。

三番目が生産現場である。「好きなときに・好きなものを・好きなだけ」つくっていながら、「営業は売り方が下手だ、操業度を落としては赤字になってしまう……」と、すべての敗因を他人の責任にしている。

こうした負の要素をなくすには、「トヨタ方式の真髄」を理解しなければならない。理解を早める一つの方法は、社員みんなが「いちばん大切にしなければいけないのは誰なのか?」を考えることにある。

「トヨタ方式」では、それは「お客様」である。お客様が自社の商品をお買い上げくださるので、その代金で社長以下全社員が飯を食っていける。まさに「お客様は神様」なのだ。

その次に偉いのが、お客様(神様)に接している部署になる。こういう順番で後工程ほど偉くなくなる。このことを「後工程はお客様」または「後工程重視」と言っている。後工程にいくほど偉くなっていくわけで、いちばん後ろに、その商品を買ってくださるお客様(神様)がいる。その意味で、その偉いお客様をすべての起点と考えるのが「トヨタ方式」の基本的な考え方である。

「トヨタ方式」に限らず、こんなことは商売の基本である。つまり、商品をお客様に買っていただき、在庫が少なくなった時点で、少なくなった量だけ補充する(製造する)。そして次のお客様に備える。そんな当たり前のことさえ忘れている経営者も多いのではないだろうか。

実用化されつつあるさまざまな情報技術を使って、商品開発⬍製造⬍営業（販売）の「もの」と「情報」の流れを見直す必要がある。

まずは全社を挙げて「後工程重視」の徹底を図ることである。

そして改善を進めると、いろいろな障害が社内に現れる。

社内で最も厳しく対立するのは、ほとんどの会社が導入している「全部原価法」による管理会計論である。

この「全部原価法」によると、過去の実績をベースに本年度の工場予算が組まれるので、市場で売れなくても計画数だけはつくらないと工場は赤字になってしまう。赤字にならないように計画通りつくった結果、溜まってしまった在庫は、会計上は財産扱いになり、何ら問題はないという。だから会計上は「在庫＝財子（財産の子）」なのである。

これと違って、「トヨタ方式」では「売れるものを、売れるときに、売れる量だけつくる」を、基本理念の一つである「ジャスト・イン・タイム」の典型として推し進めようとする。

さらにムダを見つけて余分な在庫をなくしていく活動をするが、数あるムダの中で、「つくりすぎのムダ」については、現場にあるあらゆる問題点を覆い隠してしまうので、最もタチの悪いムダとして重視する。それゆえ「トヨタ方式」では「在庫＝罪子」なのである。

もう一つの対立点として、業務の改善方針がある。

（一）利益向上を狙って原価低減（工場では労務費が主体となる）を最重点に進めるか

（二）体質強化を狙って納期短縮（サービスの向上）を最重点に進めるか

の対立である。

分かりやすいように巷の「ラーメン屋」を例に取れば、改善とは、刻一刻と変化する客に、客の席、調理場、明日の仕込み等を、どうやり繰りするのかの問題となる。

（一）案：利益向上を狙って労務費低減を徹底する。

人手不足で待ち時間が延び、客の回転は減る分売り上げも減っていく。待たされた客は怒って逃げる。縮小均衡が続いていく可能性大である。

（二）案：原価は今のままで、手順や役割分担を変え、待ち時間を短くする改善をする。

速く出るから客が喜ぶ、客の回転が速くなる、売り上げが伸びる……等、好回転していく可能性大である。

現状脱却の道筋はいろいろあるが、（一）案は一応の効果予想額を出せるという会計による管理への道筋である。（二）案は効果は数値で計算できないが、「トヨタ方式」への道筋である。

トヨタ内で長年にわたってトヨタ生産方式の実務展開をやってきた中山清孝氏は、その著書『直伝・トヨタ方式』（二〇〇五年、ダイヤモンド社）の中で「一〇〇日間かかっていた製造工程を一日でできるようにしても今の会計学にはその効果を評価する理論がない」と嘆いたものだった。中山氏と机を並べて同じ仕事をしたことのある私も、その後あちこちで同じ問題に直面した。この問題を解決すべく、管理会計の新しい考え方を構築し「Jコスト論」と名付けて発表しその後『トヨタ式カイゼンの会計学』（二〇〇九年、中経出版）を上梓した。今、その理論を基にして、会計学の専門家とともに新しい会計法の研究に取り組んでいるところである。

新しい会計法ができあがり、世の中に認知されるまでにはまだしばらく時間がかかる。それまでは、トヨタで行われてきた方法がよい。すなわち、会社全体の会計報告は従来のものを使い、現場の改善評価は、現場の責任で管理できる直課原価のみで行うという二刀流である。

トヨタ生産方式の導入に当たっては、「全社の合意」と「会計との対立」をよく認識して、トップ自らリーダーシップをとっていかなければ、今までの経験則では三年間で潰れる。

7　「トヨタ方式」こそ日本的経営の典型である

バブルの時代、日本社会に拝金主義が闊歩したが、そのバブルが弾けると、今度はアメリカ流の効率主義を導入する会社が一気に増えた。企業が生き残っていくためには日本的経営を捨てなければならないと言われ、アメリカ的経営の一つの柱である成果主義なるものがもてはやされた。成果主義は、社員の働きを数字に置き換えて評価しようとするものだ。

それだけでなく、年俸制にして、「仕事のできる人間ほど給料を上げる」と言ってみたり、社内カンパニーを乱立させて社長を大勢つくったり、それが社員を大事にすることだと勘違いする会社が多かった。しかし、そうした会社が成功しただろうか。結局、欧米企業流の成果主義も、宗教や国民性の違う日本の会社には、簡単にはなじまないことがようやく分かってきたようだ。

「トヨタ方式」とは人間を大切にするシステムであって、それは日本的経営の最良の部分でもある。その根底にあるのは個人を個人として認め、課題に挑戦させ、その成長をともに喜ぶことにある。

人間は皆、自分を認めてほしい。小さな子供だって何かできたら、「見て！　見て！」と親に言い寄ってくる。それで親に、「よくできたね」と言われれば喜ぶ。尊敬する人に自分を認めてもらうことができたら、それが生き甲斐となり、元気の源となる。

トヨタ方式の目指す職場は、構成員一人ひとりの能力と特性を認め、一人ひとりがより成長するために何とか手の届く程度の課題（ストレッチ目標）が与えられ、課題の困難さに立ち向かい、達成したらその成果と払った努力を認め、拍手で迎える職場である。その職場に属していることが本人の誇りであり、長年いることで本人が企業人として成長していく職場である。このような職場を維持改善させる努力が払われている。

日頃苦労をしている社員たちにさらなるモチベーションを持って仕事をやってもらうために、トヨタの生産部門では、三時間もかけて毎月工場持ち回りで会議をやっている。

会議自体はセレモニーのようなものなので、最初の三〇～四〇分で終わらせて、後の約二時間は副社長以下役員が現場を見て回る。現場では職長や現場の監督者がどんな苦労をして成果を上げたかを本人が発表する。副社長や副会長、ときには社長が来て、その話をきちんと聞いて、「頑張ってくれたね。ご苦労さま」とねぎらってくれる。現場の班長や職長の人間が経営トップに発表することは栄誉である。その機会を得た人間には大きな喜びになる。

巷の風潮で残念に思うのは、バブル以降、多くの会社が金儲けだけを考えるようになってしまったことである。バブル以前の日本社会には、大っぴらにお金儲けを目的にしていた会社はなかったと思う。社是や社訓に書かれているのは、「社会に貢献する」、あるいは「従業員を幸せにする」といった言葉のはずである。

それがいつの間にか、MBAを取得したアメリカかぶれのビジネスマンや経営コンサルタントの口車に乗せられて、目の色を変えて金儲けに走るようになってしまった。血眼になって金儲けをすればするほど、目の前をお金が逃げていくのはこの世の理である。逆に、お客様に喜んでもらうことに熱中していると、結果としてお金がついてくる。

驚かれるかもしれないがトヨタ方式はお金を儲けることを狙っているのではない。筋肉質で、小回りがきき、社会経済の激変にも耐える俊敏で強い会社になることを狙っているのだ。

たとえばトヨタ方式が謳っているものの一つに「在庫低減」があるが、「在庫低減」は金儲けのためにやっているのではない。在庫の量は、たとえてみればゴルフのハンディキャップのようなものだ。ゴルファーの能力はハンディの数を見れば一目瞭然である。

トヨタの職場では、いかにハンディ（在庫）を減らすかが腕の見せどころである。「お前のところは鍛錬がまだまだ足りない。部下も一人前に育っていないからあんなに在庫を持っているのだ。私のところは在庫がこんなに少ない」と、お互いに競い合っていた。

ゴルフのハンディを減らすように在庫を減らすことを競い合って、一つひとつの技術から管理能力まですべてを競い合っている。すると、職場の問題点がはっきり見えるようになるから、それを直そうということになる。

後ほど詳しく説明するが、トヨタの製造現場はそうやって前向きに競い合う職場になった。トヨタ方式の真の目的はそこにあって、巷間に伝えられているようなセル方式とか、コンベアー方式とかは、単なる手法であって目的ではない。

8 「トヨタ方式」とはものの見方・考え方である

すでに述べたが日本経済が不況にあえいでいた二〇〇〇年代前半、トヨタが「トヨタ方式」で世界に冠たるモーターカンパニーになったものだから、「トヨタ方式」を導入しようとする会社が後を絶たなかった。

しかし、自分の会社の問題点がどこにあるかも知らずに、「トヨタ方式」を導入してもうまくいくはずがない。それでは身体の調子が悪いからといって、とりあえずビタミン剤を飲むようなものだ。

具合が悪いのはただの疲労かもしれないし、あるいは深刻な病気が進行しているのかもしれない。ただの疲労ならカンフル剤で十分だが、深刻な病気だったらちゃんとした手当をしないといけない。それなのに、原因もはっきりさせずに、そのときだけ乗り切ることができれば良しとしている経営者が多い。

実際問題として、「トヨタ方式」を指導すればお金になると、講習会を開いて「これぞトヨタ生産方式」と言って指導しているコンサルタントも多い。そこでは、「トヨタ生産方式」の柱である「ジャスト・イン・タイム」と「自働化」がもっともらしく語られている。

しかし、形だけ導入してもうまくいかない。「手法」を入れるのではなく、導入すべきは「哲学」である。「トヨタ方式」の「哲学」を取り入れて、自社に合わせたやり方で再構築しなければならない。川崎重工で実践していた「川崎生産方式」、郵政公社が導入していた「JPS（ジャパン・ポスト・システム）」などはそうしたやり方をしている。

大野耐一氏自身も『トヨタ生産方式』の中でこう言っている。

「トヨタ生産方式はいわば意識革命である。考え方を根本から改める必要がある……」

このように、「トヨタ方式」は意識革命であるから、「考え方」が正しくないといけない。

「手法」はそれぞれであるから、自分たちの手で自分たちの会社に合うようにいくらでも変えられる。うまくいかなかったら直せばいいのだ。

そもそもの始まりをひもとけば、豊田織機を創業した豊田佐吉翁が「すばらしい織機をつくりたい」との「思い」に駆られて一生懸命トライし続け、ついに完成させた。その息子の豊田喜一郎氏はその「夢」を継いで事業を成長させ、さらに新しい「夢」トヨタ自動車工業を創業した。まずは「夢ありき」なのだ。トヨタのトップは創業以来、儲けることよりも、つねに「あるべき姿」、「理想の姿」を追い続けてきたのだ。

それは今も変わらない。トヨタのリーダーたちは、みんながある一つの「思い」を持って必死になってやっている。そして常に「夢」や「理想」を追求することのすばらしさを説いている。社員も、「俺は何のためにこれをやっているのだろう」とか、「自分はこの世に何を残すことができるのだろう」と考えながら働いている。それはつまり、「生きざま」である。トヨタでは社員がそれぞれ自分の「生きざま」と対峙しながら働いている。

そうした「思い」を抜きにして「トヨタ方式」は語れないし、そうした「思い」を注入せずして「トヨタ方式」を導入してもうまくいかないのは当たり前である。

9 大事なことは「本質」を理解すること

「トヨタ方式」を生産現場に導入すれば、直ちに会社が儲かるように思われているが、「トヨタ方式」は魔法の方式ではない。現実には、そんな夢のような話はない。

確かに「トヨタ方式」を導入することで生産性は相当向上し、あるレベルまで製造原価は下がる。せっかく得たその成果を安易に値引きに使ったり、従業員のクビを切ったりしたら、その会社の明日はない。

会社を貨物船にたとえてこの関係を説明してみる。製造現場はこの場合、機関室に相当する。トヨタ方式を導入するということは、機関の燃費は上げないで馬力を向上させ、前進・後退等の無理な運転にも俊敏に追従する機関室にすることと思っていただきたい。しかも機関室の重量はグッと軽くなり、船としての性能は見違えるほど向上するのだ。

船の性能が見違えるほど向上したといっても、その性能を生かして稼ぎまわらない限り収益が上がるわけではない。稼ぐのは、ブリッジにいる船長と航海士の才覚なのだ。

会社の話に戻せば、確固たる経営戦略の下で現場改善を進めないと、改善が徒労に終わってしまう。

より具体的な分かりやすい例で説明しよう。ある職場で数カ月間数々の改善を進めた成果として、ある日急に生産性が上がり、今まで五時までかかっていた作業が四時で終わったとする。この後、どんな事態が起きるのであろうか。

作業が早く終わっても何もしないでいたら、「せっかく稼ぎ出した時間がムダになる」だけではない。そのまま放置すれば四時で終わった作業が段々遅くなっていき、一カ月もすると稼ぎ出した時間が消えてなくなるのが通例である。改善した部分はそもそも皆が注目しているので元には戻りにくいからまだいい。改善しなかった部分の動作にムダが生じて、かえって拙い状態になってしまうのだ。

身近な例で説明すれば、これは、通学に一時間もかかってかわいそうだといってわが子に通学が二〇分で済む自転車を買って与えたときに似ている。あらかじめ決めておかないと浮いた四〇分は友だちとのおしゃべりか、ぼんやり時間に消える。同時に、一時間かけていたときのような緊張感、テキパキ感が消えてしまう。取り返しのつかない大切なものを失ってしまう結果になる。しかもお金をかけて。

それだけではない。改善にはそれなりの苦労が伴う。あえてそれをやるというのは、「その改善で会社や職場がよくなることに貢献するのだ」という参加意識ともいうべき思いがあるからである。改善成果が生かされないことを体験すれば、やらされ意識と改善に対する嫌悪感だけが残ることになる。

　こんなことにならないようにトヨタ方式では「改善は必要に応じて行うこと」と戒めている。

　トヨタ方式の本来の展開は、組織の長がリーダーシップを発揮して、自らの職場を改善が必要な状態に追い込んでいき、全員に改善の必要性を感じさせ、個人個人に改善活動を促し、さらに職場内での助け合い、チームワークを醸成させ、達成感を味合わせ、働き甲斐を感じさせることにある。

　たとえば作業時間を５％低減させようと目標を立てたとき、その意味を全員に納得させた上で、０・５時間残業を前提とした人員で生産計画を組み、この台数を定時で生産するという実施目標にし、全員で挑戦する形をとる。そして、計画に対する実績台数を刻一刻、誰でもわかるところに掲示する。従来の実力では94％であるが、これを１００％にもっていくという具体的な指標ができる。94％を超えた分は、会社への貢献分になる。

　個々の作業者は、全体としての達成具合に一喜一憂しながら、自分の作業が遅れないように作業改善に努めることになる。

　今日、「トヨタ方式」と称して多くの企業で行われているのは、深い配慮のないままに、部分部分の「改善」で終わっている場合を目にする。しかも「現場の能率が上がった後にどうするのか?」「能率を上げた人間をどう処遇するのか?」……そういった「下準備」が何もないままに改善活動を開始しているのが現状である。

製造現場を変えようと思うのであれば、将来を見据えて、それなりの「下準備」がいる。「下準備」を無視して、「トヨタ方式」の手法だけ導入してもうまくいかない。

「トヨタ方式」を導入する以前に変えないといけないのが、実はトップの考え方である。どんな経営戦略を採るのか、そのために現場はどうあってほしいのかをトップ自らが信念として全社に説き、引っ張っていくことが必要である。トヨタにしても、大野耐一氏らの改革を、トップである豊田英二氏が後押しし、自ら経理部門や購買部門等の調整を図っていったと聞いている。今のトヨタがあるのはそのおかげなのだ。

10 「トヨタ方式」がぶつかる三年目の壁

トヨタ方式は一種の「哲学」のようなものである。ERP(企業経営の効率化を図るためのコンピューターソフト)のように整理・統合されたシステムではない。何の前準備もなく見よう見まねでも、それらしい格好がつく。それをいいことに、いろんな会社の工場長や事業部長が、「トヨタ方式」を少しでもかじったことのある人間を連れて来る。そして、その人間の言った通りにやってしまう。

　いわゆる丸投げである。現場の景色は良くなる。しかし財務諸表上は、さしたる効果は出ない。それで「努力したが、やはりトヨタ以外ではトヨタ方式は通用しない」という結論を出し、当の工場長や事業部長はトヨタ方式を理解しようとしなかったにもかかわらず、導入しようとしたその努力が認められる、というのがよくあるパターンだった。

　指導されるままに現場の「改善」を行い、製造現場が見違えるように美しくなり、在庫が少なくとも現場は回るようになる。しかし、在庫が減るといっても、それは工場の作業場の在庫が少なくなるだけのことである。資材倉庫は在庫の山になっている。資材購入システムは本社の管轄で、工場では手がつけられなかったりするのだ。

　作業場の完成品在庫が減っても、会社全体のやり方は変わっていないので、出荷工程の倉庫に在庫がどんどん溜まっていく。製造工場内部では在庫がすっかり消えても、会社全体で見れば以前と変わらない。だから、遅くても三年目で壁にぶつかるのだ。

　冒頭でも述べたように、トヨタ方式を単なる現場の改善にすぎないと思って気楽に導入を考えておきながら、成果だけは大改革並みのものを期待するという矛盾に気がつかずにいることが、大きな間違いなのである。スタート地点ですでに間違っているから、指導されるままに部分、部分に「トヨタ方式」を導入しても長続きしないわけである。

会社を変えようと思ったら、根本的な「哲学」を変えないといけない。小手先を変えるだけでなく、頭のてっぺんからつま先まで全身を変えないと会社は変われない。「哲学」はトップ自らが持たないといけない。

どうやってトップにその気になってもらうか? 猫の首に鈴をつけるくらい難しい。

私の経験からも、雇われたコンサルタントは「トヨタ方式」を指導しながらも、トップの本質には言及できない。お金をもらって指導している以上、社長にいきなり、「社長! あなたのやり方が諸悪の根源である!!」と言ったのでは、もうその時点でクビとなってしまうからだ。

トップの自己啓発を待つしかないのか……。

11 「トヨタ方式」に部署間の壁は必要ない

私の場合、トヨタから奨学金をもらって大学院に進んだ。ものづくりが好きだったので、設計をやりたくてトヨタに入ったのだが、同期の人間もみんな設計志望ばかりだった。「誰か現場をやってくれ」と会社から頼まれ、現場に行った。現場では技術員として配属された。

技術員は現場のスタッフである。毎日決まった仕事があるわけではなく、工場長に成り代わって現場を見る仕事でもある。現場を見て回り、誰から強制されるでもなく自分で問題点を発見し、自分で直していく。楽しいやりがいのある職場であった。

その代わり、上司からは「働いている人たちの給料をピンハネしているようなものだ。だから彼らの汗のひとしずくでも少なくしなければ申し訳ないと思え。汗を少なくするだけではない。技術屋だったら年間一億円くらいは稼げ」と言われた。会社を支えているのは働いている人たちだから、働いている人たちのためになることをやらないといけないということを、とことん叩き込まれた。

私自身、設計をやりたかったわけだから、工場で部品を見ていると、設計の拙さが目についてくる。「何だ、この設計は！」と思うわけである。実際、作業場を歩いていると、作業がしづらい部品が多数あることに気がついた。

設計を少し変えるだけで作業がしやすくなるはずだと考えた私は、あるとき部品を肩に担いで設計課に乗り込んでいった。そして、部品を課長の席の前において、「課長、この設計はおかしい！　直してください」と告げた。

課長には、「そんなことを言われたのは初めてだ」と言われた。課長は困った顔をして、「量産体制に入ってしまったから、今から設計変更しても間に合わない。次のモデルチェンジでは何とかしよう」ということになった。

後日、設計の係長に、「社長だって設計課長に文句は言えないぞ！」と言われた。どうやら私は大変なことをしてしまったようである。当時、部品の設計に関して全権を握っているのは設計課長で、その人に入社二年目の若造が設計の上手・下手を主張するなど、前代未聞だったらしい。

当時はカローラが売れに売れて、生産が間に合わない時代だった。組立工場でも作業をしやすくして、一台でも多く車をつくることが至上命令であった。だから私は、部品一つひとつの作業性をよくするために設計課に注文を出したのである。

トヨタの設計部門は主査制度を敷いていた。主査は社長に成り代わって新車開発の全責任を負う。技術屋の憧れの的であった。

二代目カローラの主査は長谷川龍雄氏、その部下は、主担当員は佐々木紫郎氏、担当員は揚妻文夫氏、新宮威一氏であった。この人たちの尽力で、当時でも企業秘密の牙城であった試作工場に、組立工場の技術員と現場のリーダークラスが出入りできるように、業務改革をしてくれたのだった。

約束通り、組み立てラインから試作検討部隊を編成し、技術部に乗り込んだ。

しかし、トヨタで初めての取り組みなので、場所がない。夏場であったので、ボイラー室が空いていた。試作車を借りてきて、暑くて狭いボイラー室の片隅で一台まるごと分解、再組み立てをしながら、部品一点一点の組み付け作業性の問題点を確認した。それをまとめて技術部に提出。技術部と検討会を持ち一件一件、現物を前にして議論を重ねていった。

私が感心したのは、当時の佐々木主担当員の態度である。忙しい中、会議ですべてに耳を傾け、担当設計と意見が合わないときにはその場で主査室としての判断をしていった。設計には設計の事情があるので、現場の言い分がすべて通るわけではないが、こちらの意見の三割程度は受け入れてもらえた。それを見ていた他工場の人たちは、クラウンも、コロナも……と、高岡工場で始めたことが次々と横展開されていった。専門の検討場が建てられ、組立工場による試作車検討が定常の業務になった。

従来、鋳物ができないとか、プレスが絞れないとかいって前工程へ働きかける活動はあったが、作業性が悪いといって前工程へ行って直させる活動はなかった。振り返ってみれば、日本的経営として高く評価されたコンカレント・エンジニアリング（設計・生産技術・製造部門が情報交換しながら、同時並行的に生産準備を進める技法）のはしりをやって来たことになる。

お話ししたいのは私の自慢話ではなく、「困ったところが行動を起こすのだ！」「問題があったら前工程へフィードバックせよ……」というのがトヨタ方式の基本だということである。それは他人に言われてやることではない。強い問題意識を持ったら、誰もが当然とるべき行動であり、組織の壁を意識する必要はない。

後に、トヨタ生産方式の実践活動を通して、当時のトヨタ方式推進者・鈴村喜久男氏から、

「問題解決のためには猛進していけ」

「担当部署に文句を言え」

「担当部署が言うことを聞かないなら、その上司に文句を言え」

「その上司が言うことを聞かないなら、そのまた上司に言え！」

「困った問題があったら、上は社長まで文句を言っていけ！」

「社長がダメだと言ったらそこで諦めよ！」

「納得させたら、いつ実施できるかフォローせよ！」

「できるまで毎日電話せよ！　『言ってある』と放っておくのはいちばん悪い」


と、きつい指導を受けた。そこには組織の壁など何もなかった。

私の体験で言うと、私利私欲でなく、会社のために、みんなのためにという「公憤」で動くとき、人は誰でも協力してくれる。壁があるとすれば、その壁は自分の心の中にある

ということだ。

12 困った人が改良し成長を続ける

正直な話をすると、若いころの私は、「トヨタ方式」が大嫌いだった。

当時はまだ「トヨタ方式」も、特に「標準作業」については暗中模索状態にあった。機械工場の人が機械工場でうまくいったとされる方法をひっさげて、組立工場にやって来て、同じことをやれと強要したのである。だから、組立工場で「トヨタ方式」を試行した当初は失敗ばかりだった。

組立作業は機械工場の作業と全然違う。

機械工場では機械の間を歩いて作業するのに対して、組み立ての作業はベルトコンベアーに載って動いている車を相手にする。ラインサイドの部品棚は停まっているため、いつも相対位置が違ってしまうのだ。車の種類はセダンの二ドア車・四ドア車、バンの二ドア車、四ドア車等で、車型によってやる仕事が変わってくる。

当時から組立工場では車種は平準化され、いわゆる一個流しがされていた。作業者にとってみれば、次々と違った車が来る中で、その車独自の作業をすることになっていた。

このような状態なので、組み立てのラインでは機械工場で開発した標準作業票は通用しない。新しい方式を考え出さねばいけないのに、機械工場と同じやり方の延長線上で失敗を繰り返していたのだった。私がトヨタ方式が嫌いだったのは、そのことによる。

トヨタ方式が嫌いだったから、トヨタ方式を持ってくる人たちに理屈で反論したかった。社外の講習会に参加したり、通信教育を受けたりして、「インダストリアル・エンジニアリング」や「中小企業診断士」等の勉強をした。それが大変力になった。このときの勉強のお陰で今日の私があると思っている。

さて、愚痴をこぼして、反発していても、問題は解決しない。他人があてにならないなら、自分でつくるしかない。私は覚悟を決めて、真っ向から「組み立ての標準作業システム」に取り組むことにした。

まず、一人ずつの作業をどうやって配分するかである。

当時は個々の作業時間は担当リーダーの頭の中にある固有の経験値だった。

客観的な作業時間を得るために、現場の協力を得て、測定したり、査定して組立ラインの先頭から三〇人分の作業時間を手に入れた。これを基に、工程編成の方法を考えることにした。

実際にやってみると、作業の組み合わせ案をつくっては、それらの作業の合計時間がコンベアーのタクトタイムに合っているかを計算する……この連続であった。そこであるアイデアが閃いた。

対象となる作業名を書いたカードを準備し、それらのカードの高さ方向の寸法を作業時間に比例したものにしておけば、作業を組み合わせるとき、カードを縦方向に並べれば一目で合計時間が分かるのではないかというものであった。

早速中古のファイルを切ってカードをつくり、時間を計算するための目盛りを入れたボードをつくり、トライした。結果は大成功であった。計算しただけではもったいないので、カードを透明のケースに差し込む構造にして、組み合わせた結果を掲示できるようにした（図-3）。工程変更の度にこのボードで計算し、結果を掲示する方式が始まった。一九七一年、入社して四年目のことであった。

まもなく、作業者の作業姿勢に配慮しようという動きが起きた。同じような作業を一日五〇〇〇回繰り返すことになるので、つらい姿勢と楽な姿勢を組み合わせて負担を軽くしようとする運動であった。そこで、つらい仕事は色を赤にし、つらさ加減で濃さを変えた。楽な仕事は青にして、これも濃さを変えた。この色をカードに塗ることで、組み合わせた結果がきつい姿勢かどうかが一目で分かるようになった。

やがて紙のカードは扱いにくいので、薄手のマグネットラバーに改良された。そのやり方は、ゆっくりと、広く、口伝えで全社の組立工場に浸透していって、「山積み表」と呼ばれるようになっていった。

　ありのままを「表」とし監督者の意思を入れたものを「票」として「山積票」という名で、組み立ての標準作業票として認定されたのはそれから一五年後の一九八六年ことであった。

　ここで改めて言いたいのは、「困った人が自分たちのために懸命に考えて、新しい手法を考え出せばよく、誰に遠慮することはない」ということである。良い方法ならば、困っている人はそれを使っていく。使い勝手が悪ければ、誰にも遠慮なく使いやすいものに直せばよい。

　トヨタ方式の手法は、つねにみんなの手

図-3　山積票

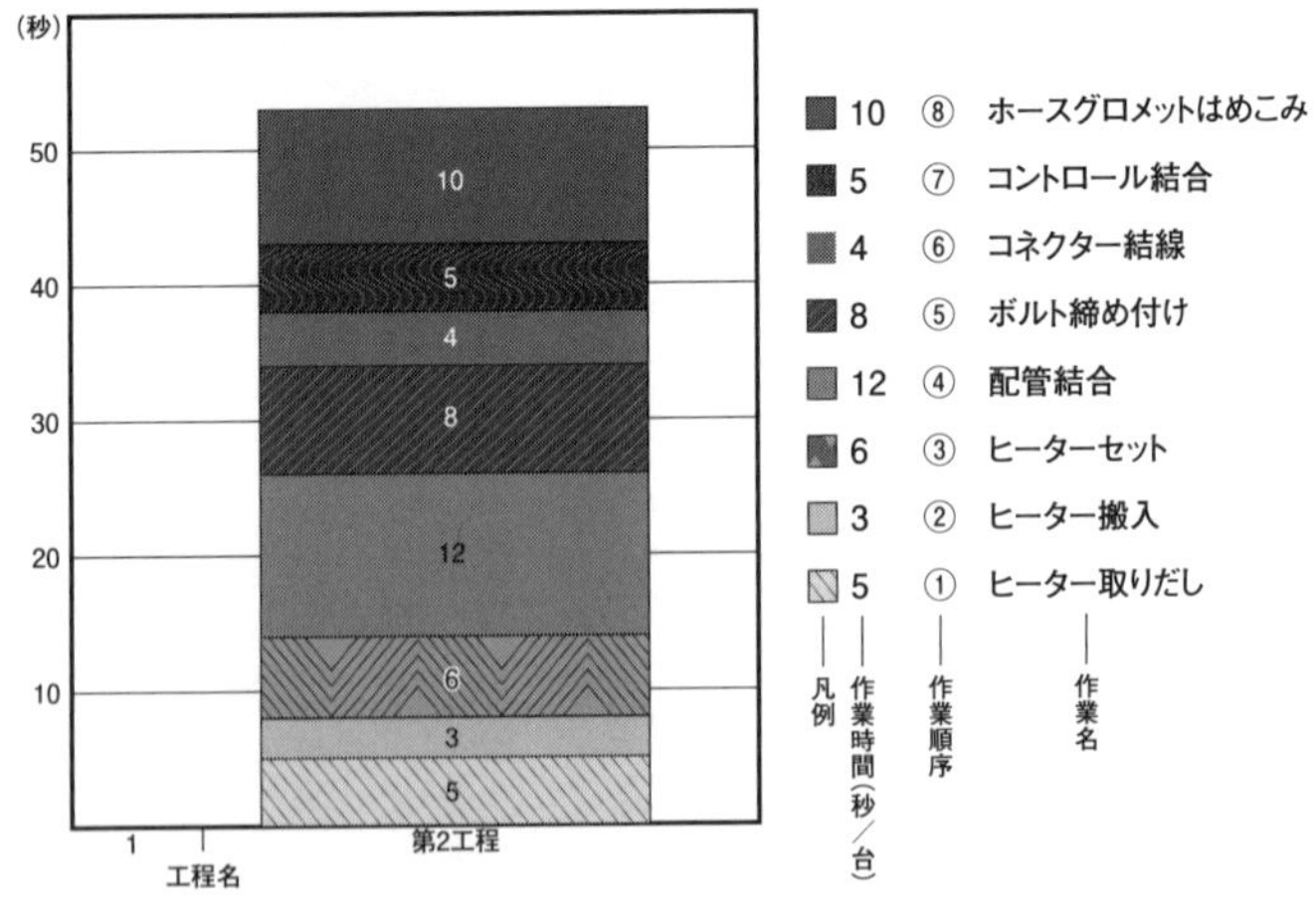

でつくり出され、改良され、使い続けられて進歩していくのだ。

ただ、改善の約束事が一つある。「これをやる目的は何か」と常に自らに問うことである。最近「改善のための改善」が目につく。「改善のための改善」は管理者の自己満足であり、作業する者にとっては「小さな親切、大きな迷惑」になっている。

13 ベストを狙うな、常にベターを目指せ

世の中の常識では、何回か作業を繰り返して、それぞれの時間の平均値を取り、それに多少の余裕時間を加えたものを標準作業時間としている。

しかし、トヨタ方式は違う。急がずあわてず普段の通りに仕事をしてもらう。それを五回計って、その中のいちばん早いものを標準作業時間としている。その考え方は、実際に作業をやってみると分かるが、毎回必ずチョンボする。ボルトを落としたり、部品をつかみ損ねたりする。そんな作業を何回か測った中でいちばんチョンボが少なかったものをそのときの作業時間と決めるのだ。

諸行無常の章で説明したように、作業時間は個人によって異なるし、個人でも努力によって動作がなめらかになり、速くなっていく。それが成長であり達成感である。それ故、

個人に作業を分担させるときには原則として、プラス二から五％くらいのストレッチ目標を話し合いで決める。できないのは分かっているから遠慮なく頭上にあるひもスイッチを引いてリリーフを呼ぶ。上司と部下とで一緒になって考え、工夫してやってみることが大事である。

これは「速くやれ！」と言っているのではない。「ムダ」な部分がないか作業者は一挙手一投足を自らチェックしながら作業していく。すると、うまくいったときとうまくいかないときがあることが分かる。一回一回が勝負で、勝負に負ければリリーフを呼べばいい。しかし、呼ぶ回数が、以前は一〇台に一回呼んでいたのが、二〇台に一回になったとする。おそらく上司は部下に、「お前、何かやり方を変えただろう？」と言うはずである。そうしたら部下は胸を張って、「変えました！」と答えればいい。上司は「よく頑張ったな！」とほめてくれる。

弛まぬ努力で改善に努め、昨日よりも今日、今日よりも明日と日々改善することを大事にする。このことをトヨタ方式は狙っている。この姿は新記録を目指して頑張る運動選手に似ている。

世間では「最善策を実施する」旨の言葉が使われる。トヨタ方式ではこの言葉を嫌う。

この言葉には「いろいろな解決案をたくさん出して、一つひとつの合理性、費用などをしっかり吟味し、これがベストという結論が出たら」実行に移します、という意味がある。要は引き延ばし作戦である。

これに対して、ベターを狙うトヨタ方式は拙速を恐れずにいこうとするものだ。

巧遅は拙速に如かず（孫子）

第二章 「自働化」とは何か？

◆第二章のポイント

①「自働化」によって「安全・品質」を絶対遵守する体制をつくる。これが土台。
②「自働化」は一人ひとりの社員にプライドと仲間意識を植えつける。
③「自働化」によって工場は進化し続けることができる。

組立課長をしていたとき、Q品質状況、C作業能率、D生産台数が、作業者からトップまでまったくオープンであった。今日の数字をごまかすなど夢にも思わず、明日の結果をよくすることに専念できた。

やったことの結果が出ると、互いに健闘をたたえ合った。

14 そもそも安全とは何か

私は安全は次の三つに分類できると思っている。

（一）呪文としての安全

「四」は「死」に通じ、「九」は「苦」に通じるとして旅館の部屋番号からこの数字が消されていることから分かるように、日本は言霊信仰が浸透した国である。

その延長線上で「安全、安全……」と言っておれば「安全」という言葉の霊力で安全は確保できると思っている人が現場には大変多い。

もう一つ困った「安全」に、守旧派の「改革したくない」という本心を表に出したくないときの隠れ蓑としての安全がある。新しいことを始めようとしたとき、反対する理由がなくなってくると決まって出てくるのが、「その方法では安全が保証できない」というセリフである。

安全の問題をここにとどめておいては何の解決にもならない。「なぜ、なぜ、なぜ……」を繰り返し、具体的な危険防止策まで解明していくことが必要である。

（二）作業しているときの安全

あるものをつくっていく途中での安全確保の問題をいう。

これは作業をよく観察して、物的な面と作業方法の面に分けて対策をする。

長年の経験から、作業方法による対策では万全ではないが、物的対策はコストがかかりすぎるし、作業している方にも緊張感が薄れ、事故が起きれば大きな災害になると言われている。要は両者のバランスである。

作業方法による安全対策は、品質の確保策と同じように、作業の中に折り込み、手の動き、足の運びとして、具体的行動として管理する。

このように、目的をもって作業を細かく指示したものを、トヨタ方式では「標準作業」という。従って、作業をしているときの安全は標準作業の問題となる。

(三) 商品またはシステムを使うときの安全性

問題はその商品またはシステム自体が不安全を生じさせないように、どうするかである。

トヨタ方式ではこの問題を製造品質の問題ととらえる。


このようなとらえ方をするので、安全の問題は、標準作業と製造品質の問題として取り組むことになる。それゆえに、トヨタ方式の書籍には、ふつうに考えればいちばん大事であるべき「安全」についてページがほとんど割かれていないのである。

15 安全は作業の入り口である

「安全は作業の入り口である」とは、三河のトヨタを世界のトヨタに飛躍させたと言われる豊田英二氏の言葉である。

生産性向上など、現場について考える場合、「安全第一」という思想の徹底である。

二〇〇五年に起きたJR西日本の福知山線脱線転覆事故を引き合いに出すまでもなく、安全確保は、企業活動の最優先課題である。

今から四〇年ほど前、私の元部下が南アフリカの自動車会社に視察に行ったときの話として聞いたのは、その自動車会社の門前にはいつも失業者が列をなしていた。あるとき、事故があって、一人が担架で運ばれて出ていった。すると、その代わりに列の先頭の一人が会社に入っていったという。

日本にも、それに類した考え方の経営者も昔はたくさんいたという。残念ながら、今の世の中でも皆無とは言えないようだ。人を人として扱わず、単なる奴隷のように扱っている職場で繊細な仕事などできるわけがない。そんな会社では品質は絶対に確保できない。

「安全第一」とは品質の確保である。仕事の品質の確保のための手だてとも言える。労働者に本当にいい品物をつくってもらうためには、誠心誠意、魂を込めて仕事ができる職場環境をつくってあげて、その結果、いいものができたことに対しても拍手喝采をして、ほめてあげる仕組みをつくらなければならない。

とにかく「品質第一」の品物をつくらないといけないわけだが、見てくれのいい品物は誰でもすぐ分かるわけで、本当に気をつけなければならないのは、安全性や耐久性、使い勝手がいいかどうかである。

それをあるとき、佐吉翁は痛いほど思い知らされたという。これは豊田喜一郎氏の書いた本で紹介されていることだが、若き日の佐吉翁は織機を発明したものの、あまりに忙しいものだから図面だけをメーカーに渡して、後はお任せでつくってもらったのである。それを品評会に出したところ、不評の嵐だったという。

とにかく初期故障がたくさんあった。そのとき、佐吉翁は臍《ほぞ》をかんで悔しがったという。「絶対に品質は他人にまかせてはいけない。設計者自らがとことん調べ上げて、これは絶対に大丈夫だというものでなければ、世に出してはいけない」と肝に銘じた。「しっかり吟味し、検査したものに能わざれば世に問うべからず」と書き残している。

この事件の後、佐吉翁は、自分の会社豊田自動織機製作所でつくった織機を使ってみる織物の会社を興した。それが豊田紡織（現在のトヨタ紡織）である。

この会社で自社で製造した織機の品質がいいのか悪いのか、どこに問題があるかを徹底的に調べた。今で言うところのモニタリングである。それをやらなければよい製品は絶対にできない。

織機が実際にどんな性能なのかは現物に聞くしかない。他人に渡してしまってはダメで、自分の手元において、必死になってそれを使いこなしてみる。あるときは限界まで使い倒して、その結果、どこまでやったら音《ね》を上げる（故障する）かを調べる。不具合があった箇所を直していくことで、本当にいい織機が完成するのだ。

豊田佐吉翁の思想は、機械をつくっているところと機械を使っているところが離れていてはいけないというものである。ものづくりの仕組みは「プラン」「ドゥ」「チェック」「アクション」が一貫していることで、「プラン」するところが「ドゥ」「チェック」するところと離れたら会社は潰れてしまう。「プラン」は本社でする。本社機構を工場・現場から離してしまうと、途端に会社はおかしくなる。だから、本社は工場の隣になければいけない。できるだけ工場の真ん中にあって、朝、出勤するときに、作業現場の状況を確認しながら通っていくようなところがいちばん理想なのである。

今でも刈谷市に豊田自動織機があって、その隣にトヨタ紡織がある。

トヨタ自動車もその流れをいまだに汲んでいる。今日、すべての工場を手元に置くわけにはいかなくなり、離れた場所の工場もあるが、本社機能と技術部、工場を豊田市に置いてそこから離れないでいる。新築された本社ビルもそれまでの場所と道を一つ隔てただけである。

ともすると崩れやすいのが安全と品質である。会社が成功して大きくなっていくと、つい慢心して安全と品質に目が届かなくなってしまいがちである。これらをないがしろにしたら会社はなくなる。

今から説明する「自働化」が安全と品質を確保するための強力な手段である。

16 織機の開発から「自働化」の概念が生まれた

豊田佐吉翁が、自動織機を考案しているときに、ある壁にぶつかった。織機を速く稼動させるほど、「杼《ひ》（シャトル）」の中の横糸が早くなくなる。横糸がなくなったことを、どう感知して、どう新しいシャトルを投入するか。

動きを速くするほど、縦糸が切れる頻度が上がる。縦糸が切れたら布として使い物にならない。切れた瞬間から先、その布は縦糸が一本抜けた不良品となる。つねに監視していて、切れたら直ちに停めないと織った布を縦糸の切れたところまで、解いてそこから織り直さなければならないので、手直しの手間が余計にかかることになってしまう。

縦糸が切れたら、切れたところまで戻して直すしか方法はない。そうであれば縦糸が切れたら、機械が自分で瞬時に判断して、止まって待っているようにできないか。「異常時は、止める、呼ぶ、待つ」というのが現場作業の基本である。これを織機にもやらせたいと考えたのだ。

豊田佐吉翁はこの概念を百十余年前の一九〇三年に確立し「自ら働く織機」という意味を込めて、「自働織機」と名づけていた。豊田自動織機製作所の創業時の何年間か「動」が「働」であったということから、その思い入れの強さが分かる。

この強い思いから、今のようなメカトロの片鱗《へんりん》もなかった当時、「からくり」だけで、縦糸が切れたら瞬時に止まる織機をつくり上げた。この発明は、豊田製織機の特長であったと聞いている。現在これは、名古屋駅近くの「産業技術記念館」に展示されているが、そのからくりは見事なものである。

さて、縦糸が切れたら、元に戻してつなぐしか手直し法がないということは、人間の意識に大きな影響を及ぼしている。まずいことを積極的に隠すというほどの悪者は少ないとしても、ともすれば「見なかったことにしよう……」と、いわゆる「見て見ぬふりをする」は、日本人の中に、多くあるのではなかろうか。

見て見ぬふりをすると後から必ずとんでもない結果を生むことをしっかりと分からせる。この、「異常があったら直ちに止める」「異常状態を一瞬たりとも放置するな」という考え方を「自働化」という名で呼び、トヨタ方式の根幹としたのである。

17 安全確保と品質保証のための「自働化」

織機の開発から出た「異常を素早く感知し、感知したら直ちに設備を止め、呼び出し、専門家の到着を待つ」という行動は、安全確保と品質保証にはすぐれた概念である。

トヨタ方式では、異常があったらまず止める。そして点検し、安全（品質）を確認してから再起動させることを、本当に徹底している。

いちばん分かりやすいのは大雪や地震のときの対応である。何も調べずに記事を書くマスコミは、このときとばかりに「『かんばん方式』で少ない在庫で回しているトヨタは、大雪で欠品になってラインが止まった」と、大々的に報道する。

トヨタは別のことを考えているのだ。

異常があって、もしかしてラインが止まるかもしれないことが予想されたら、まずラインを止め、現状の調査をする。あと何時間分の部品がある、出勤人員から見てどんな配置で、毎時何個の生産が見込まれるかを素早く現状を把握し、何時間後に、どれだけ停止させるからその時間の活用を指示した上で再稼動するのだ。

余分なものを持たず、いつも臨戦状態とも言える中で仕事をしていて、常に鍛えられているので、止めたり動かしたりすることは、日常茶飯事なのだ。何の混乱もなしに、ラインを停め、ラインを再稼働させている。

二〇〇〇年九月の、東海豪雨のとき、これと正反対の対応を目の当たりにした。東海地方に、大雨警報が出され、途中で止まるのではないかと心配しながら、東京から名古屋に帰るために筆者は新幹線に乗った。

後から聞いたところ、その頃すでに先発列車は、名古屋近くで豪雨のため停まっていたという。しかし「そのうち開通するだろう」という気楽な見通しをしたのか、後続列車を次々と発車させていたらしい。

私の乗った「ひかり」は新横浜駅で夜九時くらいに止まった後、ピタッと動かなくなった。「前の列車が遅れているので信号待ちです……」という放送はあった。しかし、動く気配はなく、雨はますます激しくなってきた。私は天気予報を聞いてある程度の覚悟はあったので、「もしや……」と思い、売店で酒類とつまみを大量に仕入れ、席に戻った。案の定、一〇時になったら売店は閉まってしまった。

一一時になって「開通の見通しが立たないので、引き返す人は終電に乗り換えてください……」という放送があった。一部の人は引き返し、一部の人は新横浜のホテルに行った様子だった。私自身は、一杯やりながら本を読み、ときには眠るという良い居心地で過ごし、そのままの状態で朝七時を迎えた。

アナウンスがあり、下り方面は開通のめどが立たないので、上り東京行きに乗ってお戻りくださいとのことであった。聞くところによると、他の多くの列車は、浜松や静岡付近の駅と駅との間で、しかも立ち客のある状態で約一二時間、缶詰めになっていたという。

トヨタ方式から見れば、なぜ駅のホームで止めて様子を見なかったのか、次の駅まで行けるという確証のないままなぜ発車させてしまったのか、残念に思うしかない。開通した後どう運転開始するかが大切なのである。

雨が落ち着き、新幹線は開通になったものの、列車はその後六時間あまりも走れなかった。雨の線路上で缶詰め状態になっていた列車のトイレは、まさに糞詰まりで、その再整備に六時間あまりも要したのだという。

トヨタの「自働化」という概念は、今の新幹線を例に取れば、まず、全車両を最寄りの駅で停車させる。それから今後の運行計画をつくる。停車するのは駅ホームであり、駅ホームは、客のいるかぎりサービスを続ける手配を取る。

こうすることにより乗客には納得のいくサービスが可能となる。

また雨がやんだら何事もなかったかのように、直ちに運行再開ができる。この例で、トヨタ方式の「自働化」の異常があったら停める意味がご理解いただけたことと思う。

18 仕事における「質」の側面、「量」の側面

そもそもあらゆる仕事には、「質」の側面と「量」の側面がある。

自働化の意味を違った表現で説明すると、世間一般の上司は部下に向かって「良い品質のものをたくさんつくれ」という。「質」も「量」もやれというのである。部下に、こんな器用なことができるはずがない。

トヨタ方式では「どんなことがあっても質は絶対確保せよ！　量ができないのは一切心配するな、上司が責任を持って挽回させるから……」ということである。

もっと丁寧に言えば、設備にも人間にも好・不調はある。いつもに比べて八〇％の力しかないときがある。

たとえば、ビス一〇本締め付けて完成させる部品を一日一〇〇個つくっていたとする。

調子が悪くても「根性で頑張れ」とすると、一つの部品に一〇本だったり八本だったりし

て平均九本しか締め付けていないという結果が起こり得る。これを九〇個つくったから、今日の能率は九×九〇＝八一〇本で、約八割のアウトプットだ、というわけにはいかない。彼がつくったという九〇個の部品に信頼性がまったくないのだ。手がけた九〇個全部を再検査し、手直ししなければリコールになってしまう……という最悪の事態になる。質も量も頑張れと指示することは、このような事態を招きかねない。

トヨタ方式の自働化の考え方は、できた品物は完璧に仕上げてあることが大前提となる。つまりビスは一〇本とも間違いなく締め付けてあること。その代わり、体調の悪さは量の方に出してくれ、完成させる部品は八〇個でも七〇個でもよい、という指示になる。作業の遅れは、組織として手伝えばカバーできる。それをやるのが上司の役目である。

今から三五年前、私が課長のとき、それを思い知らされる事件が起きた。事件の発端は、完成品検査でボルトが締め付けられていない完成品が数台発見されたことにあった。

原因を追及していったら、ある部下がとんでもない心得違いをしているのが分かった。トヨタの組立てラインは、作業者が異常を発見したときや作業が遅れたとき、頭上にある「呼出しひも」を引いてリーダーに知らせ、呼ばれたリーダーが対処する仕組になっている。

そのときのリーダーが大問題で、通常はルール通り対応していたが、時間に追い込まれると後から直せばいいと思って後工程に流していたというのだ。検査工程に届く前に追いかけていって直せばよいと安易に考えていたのであった。

　これを聞いて私は激怒した。私が展開して来た組立課の品質保持体制に大穴が開いたことになる。昼勤直、夜勤直の全員を集めて徹底させた。「必ずラインを止めて直せ！」「やむを得ず直せない場合は大きな張り紙をしておけ！」「『完璧』な品質のものでなければ次の工程に移ってはいけない」と。

　リーダーは絶対に頬被りしてはいけない。リーダーが本当に力を入れないといけないのは、どうやってラインを回すかでもなく、出してしまった不具合をどう取り繕うかでもない。まず、不良を後工程に流さないこと。次にその現象の原因を突き止めることである。作業が間に合わないなら作業配分を考える。ボルトが入りにくいなら前工程の品質に問題がある。その対策を打つためならラインを止めてもかまわない。

　不良品がチェックの目をくぐり抜けて検査までいってしまうということは絶対あってはいけない、「後工程に検査があるからいいや」と思ったら製造工程はおしまいである、などなど、本気になって自働化の意味を再教育した。

19 人の仕事と機械の仕事を分離する理由

トヨタ方式では、人間の仕事を大きく二つに分類している。それが「手による仕事」と「目による仕事（正否の判断）」である。作業の機械化のうち、自動化（オートメーション）とは手による仕事を機械化したものであり、「自働化」とは目による仕事をも機械化（もしくはシステム化）したものと思ってもらえると分かりやすいと思う。

製造工程においては、この二つの違いが混同されることが多い。たとえば、工数低減を狙って工場に自動機を導入しても、作業の正否を判断できないので目が離せず、そのために人を張り付かせていることになったとする。それでは高いお金をかけたものの手作業から検査作業に変わっただけで、時間に差がなく、かえって保全工数が増えたとしたら、何のために自動機を導入したのか分からない。

異常を自ら判断できるようにし、異常があったら止まるように工夫することで、人がつかなくても機械だけで仕事ができるようになる。

それが「自働化」である。

人がつかなくても機械だけで仕事ができるということは、機械に任せて、人は他の仕事をすることができるということである。同じ工程をこなす機械を何台もかけ持ちして仕事をする場合を「多台持ち」といい、工程をつなぐいくつかの機械をかけ持ちする場合を「多工程持ち」という。

さて、完成して止まって待っているという自働化にもさらなる改善がある。

イメージを共有するために、正月のかまぼこに「寿」の文字を入れる工程を考える。安全扉の向こうでロボットが練り物をノズルから吐き出しながら文字を書き、書き終わると青ランプを点けて作業終了を表示しているとする。

作業するほうの手順としては、

①文字を入れるかまぼこAを持ってロボットに近づく
②かまぼこAを置く
③安全扉を開ける
④台の上で、できあがっているかまぼこBを取り出して横に置く
⑤かまぼこAを取り、台の上に置く
⑥安全扉を閉める
⑦起動スイッチを押す
⑧かまぼこBを取り上げ次の工程へ移動する

という作業になる。結構複雑である。

これを、ロボットが作業完了したら、青ランプを点けるだけでなく、

③の安全扉も開ける。さらに

④のできあがったかまぼこBを台から外しておく

⑥起動スイッチを押すと安全扉も閉まるようにする。

ここまでですると驚くほど手順が簡単になる。

①かまぼこAを持って行き

⑤台の上に載せる（装着）

⑥起動スイッチを押す

⑧かまぼこBを取り上げ次の工程へ移動する、となってくる。

装着だけでよくなるので、このような改善を「着々化」という。

設備の自働化はこのように進歩してきた。

自働化は、今では家電機器では当たり前になっている。電子レンジ、炊飯器、洗濯機からパン焼き器まで、すべて自働化されており、人がつききりでいる必要がない。世の奥様たちは洗濯機を動かし、皿洗い機を動かしながら部屋の掃除をしている。家庭では奥様たちは家電を使いこなしトヨタ方式でいう多工程持ちをやっているのだ。それなのに、工場

に行くと、依然として、機械の前に人が立ちんぼをしているのを見かける。

工場技術者は、自宅のキッチンを見て、猛反省すべきではないか。

20 人間中心の作業工程をつくる

今まで述べてきたことは機械中心の工程をイメージしている。

では、組み立てラインのように、人が中心の工程はどのように考えたらよいのであろうか。ライン作業であれば、異常とは、品質問題だけでなく、作業遅れの問題もある。まず品質について考えることにする。

組み立て工程の責任は寿司職人と同じであると考えている。

寿司屋がネタの鮮度を無視してシャリの上にのせて客に出してしまえば、何か起きれば、それはネタのせいではなく、寿司屋の責任となる。寿司屋がネタの正否を判断してネタをはね出せば、ネタを納めた人の責任となる。

組立作業についても同じで、ある部品を取り上げ、相手側に取り付けたら、取り付けた部品の善し悪しも、取り付け方も、それを取り付けた人の責任とする。

まず、取り付ける部品が正しいかどうかの判断基準が必要となる。

たとえば自動車のホーンだったとする。ホーンは、車型でも違うし、国内向けと輸出向けでも違う。さらに、右側につけるものと左側につけるものでも違ってくる。

まずこれらを間違わないようにすることが必要となる。

現場から出向いていって設計を直させる、いわゆるコンカレント・エンジニアリングのことを第一章で述べたが、ホーンについて言えばまず、

①似たようなものは統一すること

②似てないものは徹底的に変えること

③変えられなければ一目で分かる識別記号を入れること

これを「識別も設計品質のうちである」として、それも、『大きい、小さい』ではダメだ。『電話で通じるような識別』にせよ！」云々と強烈にねじ込んでいった。

多くの場合、識別は色別であるとし、赤、青、黄等の色で印をつけたり、文字を印刷したりしている。型に刻み込む方法を、コストがかからない識別として、すすめたりもした。

こうすることが、誤品対策の第一歩である。

次に、取り付け位置の精度の問題が出てきた。いわゆる「建て付け精度」である。スキに左右差があったり、傾いて取り付けたりすることの問題である。

とかく設計部門は、どんなに部品の精度が悪くても作業者が取り付けられるように、取

り付け孔を大きくしてしまう。たとえばM六（直径六m／m）のボルトで取り付けるのであればボルトを取り付ける孔は七φ（直径七m／m）であればよいのに、自由度を増して九φから一〇φにしてしまう。設計としてはプラス・マイナス二ミリの調整代をつけて、現場にサービスしたつもりになっているが、これは現場にとって「ありがた迷惑」だったのだ。「調整代は、バラツキ代」としてこれを、詰めていった。

前工程であるプレスやボディ工程や外注部品工程での、精度をいい加減にしておいて、組み立て工程で調整させるという考え方から、前工程で精度を保証して、後工程では単純に取り付けるだけ、というようにしていったのである。後から経営学者がこの活動を「フロントローディング」と名付け、有用性を評価している。

さらに、厳しい精度を要求される部品については、相手部品の凹部にこちらの凸部を合わせて、上下、左右の位置を決め位置の決まったところで、ボルトで締め付けるというようにすることで、「位置決め」と「締め付け」を別々にした。

先のホーンについて言えば、識別は左右はR（右）、L（左）をステー（柄の部分）に刻印し、車型別は色分けした。取り付けは六Mボルトで穴は七φにした。ステーに凸を付けボディに穴を開けこれで回転止めとして、一本のボルトで締め付けるようにした、という記憶がある。

個々の事例については後からさらに詳しく説明するが、これらの対策をし、作業者の負担を軽減させながら、品質保証のための正否の判断基準を整備していった。

整備した中味は、「作業要領書」という帳票にまとめた（本来は、「作業標準書」というべきであるが、トヨタ方式では「標準作業」という言葉があり紛らわしいので「作業要領書」という名称を付けた）。

車両組み立てラインで、一台の自動車を組み立てていくのに、組み付ける部品点数は一五〇〇点から三〇〇〇点くらいだった。これを要素作業（分解できる最小単位の作業）に分解すると約二〇〇〇〜四〇〇〇にもなった。この要素作業一つひとつに作業要領書をつくり、これを教科書にして作業者に実車で教え込んでいった。この作業要領書の中味と違うことが起きたら、またいつもと違うと思ったら、何の躊躇もなくリーダーを呼ぶように義務づけた。

この仕組みが、人のラインの「自働化」、通称「もう一つの自働化」と言っているシステムである。作業者が「おかしい」と思ったら、すぐにリーダーに知らせられるように、手の届くところに押しボタンや、ひもスイッチが取り付けられている。知らせることが作業している者の義務であり、自分で解除することは禁じている。呼ばれてリーダーは現地に駆けつけ、作業者の話を聞いて、その問題を処理する。

組み付ける車両が、一定のピッチ内にいる間に処理が終わらなければ、ラインはその場で停止する。処置をし、完了したとき、リーダーがラインを再起動させる。不良を後工程に流さないためのテクニックである。

このひもスイッチについては一九七二年ごろだったと記憶しているが、大野耐一氏の指導で開発され、トヨタグループの全組立ラインに導入された。

しばらくの間、ひもスイッチをやっているのはトヨタだけという時代が続いていた。この方法が、欧米で通用するかどうかが心配でトヨタの海外進出が遅れたという説もある。

ちなみに欧米では、どんなことをしても所定の時間（タクトタイム）内に仕事を完了させなければいけない。ラインを止めたら即刻クビとされているといった時代の話である。

今まで品質主体に述べてきたが、作業遅れも異常のうちであり、同様の対処をする。

ちなみにこのひもスイッチ・システムが国内他社に導入されるのは二一世紀になってからである。

21 完結作業という概念が生まれた

たとえば、自動車の後部のランプを組み付ける仕事を考えてみる。対象とする車として、次々とラインに載ってやってくる車は、バンタイプだったり、クーペタイプだったり、セダンタイプだったりする。全部ランプの種類や形も違うので、組み付けに要する時間も違ってくる。そのとき、ボルトを六本でつけるランプよりも、四本でつけるほうが時間は余る。「余った時間で隣のコネクターを結合しなさい」としておくと、余るときと余らないときがあるから、忘れやすい。

身近な例で言えば、ある朝、ハガキを出そうとして、駅の前の交差点にあるポストに入れようとするのだが、信号が赤だと間違いなく入れることができても、青信号だと早く渡ろうと思って、ハガキを出すのを忘れてしまう。信号を渡りきってホッとした途端にハガキを出すのを忘れたことに気づく。それと同じで、あるときだけほかの仕事をすることにしておくと、忘れてしまう確率が高い。

従来は、ライン編成効率をいちばんに考えて工程を組み、各作業者に割り振っていた。六〇秒タクトのラインで、ある工程が、バンタイプは五八秒の作業だったとする。二秒の手待ちがある。だからその時間を使って三番目のクランプ（配線押さえ）を曲げる。

セダンタイプだと、五六秒で終わるので、三番目のクランプとコネクター結合をする。ライン上、一台一台違うタイプの車が流れてくる中で、一台一台違う作業をすることになっていた。覚えにくいし、うっかりすれば間違いやすい工程であった。

そこで、「完結作業」という考え方が出てきた。

今のランプの例で説明すれば、ランプをボディに取り付けて、ボルトが何本あっても全部の締め付けを行い、コネクターで結合し、配線を固定するまで、一人で一気にやってしまうことを言う考え方だった。

これによって、作業は覚えやすくなるし、リズムに乗って仕事ができる。何より責任体制が明らかになる。「ぼくはあの車の右のリアコンビランプを取り付けています」と家族に胸を張って言うことができる。街を走っている車を見ても、自分の仕事に誇りを持ってもらえることを期待していたのである。

先述のように、ランプという機能が完結するように作業をまとめる場合を「機能完結」と呼び、ドア一枚を仕上げる……というようにある部位を完結させる場合を「部位完結」と呼んでいた。

このようにして仕事のやりがいとミス防止を図っていたのである。

22 「自働化」は働く人の心に「プライド」を植えつける

田原工場の組立課長時代の話である。仕事が遅くなって会社に残っていると、夜九時ごろに電話がかかってきた。電話してきたのは数日前に入った期間工（季節労働者）だった。
「今、寮で一杯晩酌をやっているのだが、どうしても心配になった」という。彼によく話を聞くと、最後から三番目の仕事のときに他のことを考えていて、仕事を全部やったかどうか心配でしかたがない。それが分からないと今夜寝られないから、悪いけど調べてくれないかというものだった。

そこまで自分の仕事を思っていてくれるのかと、一人の管理者として私は本当に嬉しかった。すぐに調べさせ、それから私は彼に電話をかけて、仕事は完璧に仕上げてあったことを伝えた後、「よく、そこまで考えていてくれた」とお礼を言った。日本語に「心意気」という言葉があるが、まさしく働く人の「心意気」であり、「プライド」を感じた瞬間だった。

私は感激して、夜勤の人たちにその話をした。「自働化」の本質はその話がすべて表している。それを、仕事を忘れたからと懲罰を与えたり、解雇したりしていたら、会社は成り立たない。

一人ひとりのやる気の管理レベルまで含めての品質管理でないと、世界一の車はつくれない。日本の車が世界の車と比べていいところは何かというと、仕事が丁寧でミスがないことである。おかげでレクサスはＪＤパワー社の調査で「お客様品質ナンバーワン」を続けている。

冒頭で「人間性尊重」について説明したが、従業員はいちばん大事な力である。そこまで鍛え上げないといけないし、鍛え上げた従業員は何物にも代えがたい力なのだ。

23 現場では従業員は「同志」

工場長から現場の従業員に至るまで、問題点を前にしたら、ワイワイガヤガヤ言う。「自分は現場の一従業員だから何も言えない」ではなく、現場の従業員は触っている回数が多いからいちばんよく分かっているはずである。逆に、職位の高い人は触っていないから、問題点が分かっていない。

問題があったときこそ、現場の人に実状・実態を言わせるべきである。

さんざん議論して、現場で確認して「こういう結論にしよう」と決める。決めたら後はもう余計なことは言わない。このように、決めるために上司がいるのだ。

上司が言ったから正しいとか、平社員が言ったから正しくないとかではなくて、良い考えが良いのであり、悪い考えが悪いのである。良い考えには賛同し、悪い考えは排除する。意見が噛み合わないときには最後に上司が決定する。決定したらその考えに全員が潔く従う。

「誰が言ったか」ではなく、いつも自分の考えを持ち、自分の考えを主張する。そういう部下を育て、そういう雰囲気を醸し出すこと、それが上司のもう一つの仕事である。

そうやってできた組織＝仲間であれば、現場に対する見方は真剣である。みんな一生懸命に汗を流している仲間であり、会社のことを真剣に考えている同志なのだ。

そういう人に対して、会社がおかしくなったからクビを切ろうなんて考えは絶対に出てこない。一人クビを切れば、そういう考えを育んできた土壌が崩れ去っていく。

「お前は従業員なのだから、自分のやった仕事をしっかり見ていないといけない」と言って教える代物ではない。「会社のため……」とか、「従業員だったら……」といった低いモチベーションではなく、もっと高いレベルで、「みんなで良い車をつくっていこう。そのために頑張ろう！」という、よく言えば人間としての自由意志でやっていかないといけない。奴隷を使うように、「これをやらないと鞭打《むちう》ち一〇〇回の刑」ではいけない。

それは欧米型の経営環境と日本型の経営環境の違いでもある。

「思い」を同じくして、非常に高いモチベーションを持ち、頭も切れて、何ら経営者と変わりない頭の人が現場でやっているのだ、ということを認識して経営しているのが日本である。

日本では一人ひとりの自由意思を尊重して、少しでも品質を良くするために働く。欧米のように、従業員は家畜やロボットの代わりで、牛や馬より人間のほうが手先が器用だから使っているというのと、「トヨタ方式」のように、自分の分身が働いているという発想では大きく違う。

「絶対に不良を見つけろ！」「見つけなかったらクビだ！」では絶対に不良品は見つからない。みんなで不良品をなくしていこう、不良があったら絶対に後の工程に流さないようにしよう、不良品をなくすことで会社に貢献して、自分たちの生きがいを求めていこう、と切磋琢磨していくのが「人の作業の自働化」である。

24 「ポカヨケ」は目覚まし時計

いくら高いモチベーションを持っていても、人間の能力には限界があって、悲しいかな、人間は絶対にポカをする。このポカを出さない仕組みの一つが「ポカヨケ」である。しかし、「人間はポカをやるものだから、不良品を検出する機械をつける」と言ってしまったら、従業員のやる気は失せてしまう。

このバランスが非常に難しい。「検出器がついているから大丈夫」と言ったのでは、人間を馬鹿にしているのと同じである。「お前はどうせ何もできない人間だ。作業を忘れるに決まっているけれどやりなさい。間違っていたら機械が教えてくれる」では、「人間は機械に隷属しなさい」と言っているのと変わらない。

そうならないように、「ポカヨケ」にも思想がある。

絶対に人間が主人であるという立場を確保し、機械に使われている形をつくってはいけない。人間が知恵を使って、人間が全部を仕切る。機械はあくまでもそれをサポートする。これは目覚まし時計の役割と同じである。朝起きるとき、目覚まし時計で無理矢理起こされたときの気分と、目覚まし時計が鳴る五分前に自分から起きたときの気分は全然違う。目覚まし時計に「支配され、服従した」のと、目覚まし時計を「使っている」の違いである。

「ポカヨケ」の指示に従って「人」が作業するからポカがなくなる、という考えはしない。「人」が自分の意思で作業するのを、陰から「ポカヨケ」がフォローする仕組みにする。芝居で言えば、「人」は主役で、「ポカヨケ」はあくまでも後見役である。

この思想のもとに、現場の知恵で様々なポカヨケ装置が設置されている。

組み立てにおける初期の「ポカヨケ」は、設計的な対策が主流であった。言い換えれば当時の設計は原価低減や重量軽減などで手一杯で、組み立て現場の作業性にまで手が回っていなかったといってよい。

こんな状況の中で、先に述べた試作車組み付け検討の場に現状の問題点を持ち込み、その対策案を次モデルに反映させる活動を地道に展開していった。当時、「イライラ作業」などと名前をつけている管理者もいたが、上下、左右が、一目では分からない部品が数多くあった。

作業する人間が、目の前の部品を見て考え込んでしまうようでは仕事にならない。それで現場の技術者たちは設計部に行って、「これでは間違えてもしようがない。似ているならいっそのこと共通にするか、違うものなら徹底的に変えるようにしてほしい」と主張した。

「間違いを起こすような原因をつくっておいて、間違えた人間を叱るのはおかしい」

「取り付ける部品の上下方向は、間違えたら取り付かないようにしてほしい」

「左側に取り付ける部品は、右側には取り付かないようにしてほしい」

「部品を一個手に取ったら、どの車型に付けるのか分かる識別を入れてほしい」

「識別も設計品質のうちだ。型に彫り込むべきだ」

などなど、しつこく要求した。今では設計として当然のこととなっている。

設計的な対策のめどが立ってから、設備的なポカヨケに進み今日に至っている。

25 「設備投入」は工数低減ではなく、負荷低減のため

ここまでは自働化の話が主体であったが、ここからは自働設備の導入の考え方について説明する。「自働」か「自動」かが面倒なので、ここでは「設備投入」という言葉で説明する。

ここに一〇〇〇個／日の生産を一〇人で行っているコンベアー作業があるとする。ふつうの会社では、あまり深く考えずに「合理化」と称して、〇・三人工《にんく》分の仕事をする設備をコンベアーのライン上に設置することがよくある。設備をコンベアーの中央付近に入れることで、たとえば作業員が前工程の四人と、後工程の六人とに分かれてしまう。

設備を入れる前であれば、一〇〇〇個／日から九〇〇個／日に生産が減れば、一〇人を九人に減らすことが計算でき、それに向かって挑戦できた。しかし、設備によって四人と六人に分かれてしまっているので、一〇〇〇個／日から九〇〇個／日になったときに一人も抜くことができず、八三〇個／日に減ったあたりでようやく一〇人を九人にすることが計算上で成り立つ。

さらに生産量が八〇〇台まで落ちれば、設備を入れなかったほうは、計算上は八人で回

るのである。

このように生産量が少し変わっただけで、設備投入をした意味がまったくなくなってしまう。このように考えていくと、設備投入をすることの無意味さがお分かりいただけると思う。

トヨタ方式では、設備投入は人力ではつらい筋力作業とか、引き金を引く回数が多い作業（腱鞘炎対策）を中心に設備投入を進める。工数低減ではなく、人体に対する負荷低減の必要性があるときに設備投入をはかるという考えをとる。負荷低減とは、3K（キツイ、キタナイ、キケン）を減らすことである。人間がやるのにふさわしくない仕事を設備にやらせるわけで、人間がやるべき仕事はみんな人間がやって、設備には渡さない。

私もトヨタ時代、ラインに設備をかなり導入してきたが、無人化はしたが工数低減のための設備は導入しなかった。

たとえば組み立てラインで、車をつくっている最中にもガソリンを注入しなければならない。ガソリンを注入しないとエンジンがかからないからだが、あまり入れすぎると消防法に引っかかってしまう。だいたい四、五リットルでちょうどいい。毎日五〇〇台前後つくっていたので、すべて人間がやると大変である。消防法の関係で隔離した所で注入する必要があるので、そばに立っているとどうしても生ガスを吸ってしまう。そのためガソリン注入は全部「自働化」（無人化）した。

ほかにも、タイヤやウィンドウガラスのピッキング、スペアタイヤやシートなど重量の重いものを車内に入れる仕事も楽に作業できるように省力化した。

二〇年ほど前、某社がバッテリーの自動搭載機をつくったというので、見に行ったことがある。すると、ラインの脇で人間が一生懸命バッテリーを並べているではないか。並べたバッテリーをロボットが取って車の中に入れている。人間が並べるくらいなら、そのまま車に入れればいいと思ったものだ。この状態は「人間が機械の召使いになって」いる最悪の状態だった。それでも、その会社の幹部は、バッテリーの搭載を「自動化」したと鼻高々だった。

これは本末転倒の話である。

作業をやっている現場の人間が、「こうすれば何とかなるはずでは？」と言ってきたものに限っては設備投入を考えてもよい。現場をよく知らない技術屋が、「こんなことができそうだからつくってみよう」と言ってつくってしまうのがいちばん危ない。使いにくいとか、壊れるとか拒絶反応が出て、半年もしないうちに現場から消えていったことがトヨタでも多々あった。

家電製品でも、テレビやラジオのような量産機は徹底的に試験をやって、絶対に安心だという製品を市場に出す。ところが現場の設備の実施試験はたった数台でしかない。欠陥を抱えた怪しげな機械を使える物にしていかなければならない。設備をメンテナンスしながら故障をなくしていくのは、トライ&エラーの繰り返しでかなり、大変な仕事である。それだけでなく、設備が動かない間、その設備になりかわって人間が生産をしなければならない。非常時の対応を考えての導入が必要である。

自働機は、必要な作業だけ「人間に代わって、ちょっとだけやってくれるもの」がいちばんである。トヨタでも、最初はちょっとの間、手が離せる、いわゆる「ながら作業」ができる自働機を一生懸命開発していたこともあった。まずは手が離せる。その次は目が離せる……の積み重ねである。ちょっとした「改善」の積み重ねが「トヨタ方式」における自働化である。

手が離せるようになるには、たとえばドリルがある。ドリルを打つときは穴があくときまで押さえている。しかし、人間は押さえつけているだけで、仕事をしているのはドリルである。

普通のボール盤でも、錘をつけて、ドリルを押し下げていく仕掛けにして、下がったところで止まってくれればいいわけで、それがトヨタにおける「自働化」の第一歩である。こんな簡単な機械のほうが信頼性があって、作業の邪魔にならず、工程も分断しない。

あなたの会社の設備はどのように使われているのか、どんなタイプか、実情を調査することをお勧めしたい。

26 「自働化」とは「見える化」

自働化とは機械に目の機能をつけておき、異常と判断したら止めて知らせることだということは、すでに述べた。

この自働化の結果、豊田佐吉翁のつくった自動織機を使っている工場はどのように変わったか想像してみてほしい。織機が二〇台動いていたとする。旧型の織機は目が離せないので、一台に一人ずつ女工さんがつききりで監視している。ところどころで機械を止め糸をつなぎ直し、シャトルを交換している。女工さんの立場から見れば、ほとんどの時間は立ちん坊で神経をすり減らす監視作業である。

自働織機が導入されると、どうなるのか。

織機には赤ランプと黄ランプと青ランプがついている。正常に動いているときは青ランプが点き、シャトルの在庫が減って来て補充が必要となると黄ランプが点き、縦糸が切れたり、シャトルがなくなったら機械が止まり赤ランプが点く仕組みになっている。

二〇台の織機が青ランプを点けフル回転している。女工さんはたった一人で監視に当たっている。一台の織機が赤ランプを点けて止まった。女工さんは目ざとく見付け、その機械のところへ行き、切れた縦糸を繋ぐ一連の作業をした後起動をかけた。織機は青ランプを点し動き始めた。しばらくすると、別の織機の黄ランプが点いた。それをまた、女工さんが目ざとく見付け……。

という光景になる。一人の女工さんが、最大二八台の織機の面倒を見ることができるようになったという。

さて、さっきの光景を思い出してみてほしい。女工さんは青ランプ（正常）には目もくれず、赤ランプと黄ランプ（異常）だけの面倒を見ていた。ここから、「現場管理は『異常管理』である」というトヨタ方式の大切な考え方が導かれる。これができるのは、青ランプ（正常）の中で、黄ランプや赤ランプ（異常）が見える仕組みになっているからだ。

このように、正常の中に異常が見える仕組みを構築することを、

「見える化」

と言う。そして青ランプ（正常）には目もくれず、赤（異常停止）最優先に、次に黄（注意）の面倒を見るように、報告書に頼らず、現地で刻一刻変化する状況を管理することを、

「目で見る管理」

と言う。この概念が「visual control」と言う呼び名で世界中に広まった。

この考え方を具体的に職場に展開し、正常時の仕掛品、工程待ち、完成品、不良品などの置き場と数量値を明確にしておけば、直接作業をしていない課長や部長、工場長にも、ひと目で今この瞬間にどこが正常で、どこにどれくらい異常が起きているかが分かる。こうすることによって現場が「正常」か「異常」かが全員に分かるようになり、問題点が共有される。

どの職場が今、何に取り組んでいるのか、誰が頑張っているのか、手に取るように分かり、問題解決したときには共に喜び合うこともできるようになる。

これが「目で見る管理」の目的の一つである。

この仕組みを徹底させていくと現場が有機的に整備されてきて、現場そのものがコンピューターのように機能するようになってくる。目の届く範囲内の工程では、センサーやカウンターで数量をインプットし、コンピューターで計算してディスプレイに表示しなくても、現場に出てくれれば工程の状態が一目で分かるようになる。

私はこれを「現物コンピューター」と呼んでいる。

これこそが究極の「トヨタ方式」である。

27 「見える化」すれば「改善」が進む

「現場の見える化が完了した」ことをもって、トヨタ方式では、「改善のスタートラインに着いた」と評価する。

ここから、同業他社に差を付けるための改善が始まる。業界の常識打破への挑戦が始まるのだ。

目で見る管理で、異常があったら一目で分かるようになっているから、挑戦ができる。不良品は絶対に流さない仕組みをつくっているから、挑戦ができる。

この時点になると今一度、「自分たちは何を目指すのか」と再度確認する必要がある。トヨタ方式はその根底に「共存共栄」「人間性尊重」を謳っている。このことからトヨタ方式が本来目指すのは「原価を上げずにリードタイムを短縮すること」と言える。

私の考え方は、「先ず作業改善に取り組む、その改善した工数を寄せ集め、職場から優秀な人財を浮かせ『改善班』を編成する。この『改善班』を使ってさらなる作業改善に取り組み、『改善班』を増員させていく。次に、増えた『改善班』の一部を使って小ロット多回運搬化をはかる。これにより、工程間の能力差が顕在化する。この能力差を縮めることで工数が浮いて来る。浮いた工数と『改善班』を一部取り崩して、段替えを増し徹底的に、在庫低減、リードタイム短縮を実施する」という方法をとる。

この改善の成果は、売上高が一定であれば、利益額は増えない、在庫が大幅に減るのでその分、運転資金が減り、キャッシュが増える。リードタイムが減った分、得意先の在庫が減り、価格外の競争力がつく、といったものになる。

更に大きいのは、「キャシュ」と「工場スペース」と「要員」「設備能力」が浮いて来る。これを増産に使えば、固定費負担がないので大きな利益を生むことになる。これを新製品生産に使えば、経営の多角化に進められる。この可能性に、「改善」の本当の目的があるのだ。

専門的な見方であるが、今トヨタ方式を謳い文句にしている会社は、業績が好調で、無借金経営を通り越し膨大な社内留保資金の運用に困っていて、運転資金を減らすことに関心を示さない傾向に見受けられる。こういった会社から出たコンサルタントの先生は、リードタイム短縮よりも原価低減に重きを置く改善を指導する。

「見える化」ができた時点で、「富士山に登る」のか「箱根に行く」のか決めなくてはいけない。

重大な岐路なので、トップ、経理、営業を交えて会社としての意志決定が必須である。

私の提唱する「富士山に登る道」は在庫低減、リードタイム短縮の道である。

これらの活動は次章以降で詳しく説明する。

第三章「ジャスト・イン・タイム」とは何か？

◆第三章のポイント

①「ジャスト・イン・タイム」とは投入資金量の低減活動だ。
②納期を短縮すれば、競争力がつく。
③緊張感のある職場にすることで実力がつき、やり甲斐が生まれる。

「主婦の店」時代のダイエーは、毎日の売上代金を仕入れに回し（多回）、薄利で売り高収益を得て急成長したと言う。やがて、仕入値を安くするために大量一括購入の道に迷い込み、年間売上に相当する有利子負債を抱え込み、倒産したと伝えられている。

前者は『薄利多回』で『Just In Time』に通じ、後者は『薄利多売』で『原価低減』に繋がる道である。

28 資金量の壁が挑戦への始まりだった

今まではトヨタ方式の二本柱のうち、自働化の話をしてきた。

トヨタ生産方式のもう一つの柱は、「ジャスト・イン・タイム（JUST IN TIME）」という考え方である。

「ジャスト・イン・タイム」を考えたのはトヨタの創業者、豊田喜一郎氏である。

当時、欧米の生産規模でGM、フォード、クライスラーのビッグ3は日本の生産量の八〇〇倍だった。ビッグ3に打ち勝つためには八〇〇倍の規模に対応する資金と設備がないといけないと誰もが考える。

しかし、豊田喜一郎氏は少ない運転資金と少ない設備投資で勝つことを考え抜いた。ビッグ3に負けないものを、負けない値段でつくっていくためには、資金効率を上げていかないといけない。最低の資金で最大の効率を得るためには、どうしたら良いか？　生産現場としてはどんな方策があるのか……。

こうして生まれたのが「ジャスト・イン・タイム」という概念である。

具体的に説明する。話を簡単にするために、当時の生産規模が一時間あたり一台のペースであったとする。自動車をつくる工程にはいろいろなタイプがある。塗装工程では一台ずつ色を塗っていくし、組み立て工程では一台ずつ組み付けていく。その一方で、プレス加工工程は、一個のプレス品をつくるのに手搬入でも一分程度でできてしまう。加工が速いだけでなくプレス機械は大変高価でもあるので、同じプレス機械にいろいろなプレス型を段取り替えして（取り付け直して）、さまざまな部品を加工することになる。

このプレス型の段取り替えが大変厄介で時間を要したので、型を変えたら五〇〇枚とか一〇〇〇枚まとめてつくるようにしたくなる。一〇〇〇枚といえば二カ月分でもおつりが来る。プレス工程で加工する数々の部品すべてがこれだけ在庫を持ちたがる。そうなったら貴重な運転資金が在庫という形で固定化してしまい、資金繰りが怪しくなってしまう。ここは、たとえ見かけの原価が高くなっても、段取り替え回数を増やし、在庫増による余分な資金負担を作らぬようにすべきだとして「Just In Time」という考えを打ち立てた。

読者の家庭のことを考えてみてほしい。

給与生活者を頭に描けば、一般的には毎日の予算を立てて、その範囲内で生活している。お米も野菜も毎日もしくは一週間分位ずつ買ってきているので、在庫は少なくて済んでいる。お米や野菜などが二カ月分ずつ買い入れることになったら、お金はどうなってしまうか。買った部品の置き場所はどうなってしまうのか。容易に想像がつくと思う。少ないお金でやりくりしようと思ったら、差し迫っているものを最低限の量だけ買ってつないでいくしかない。必要なものだけが、必要最低限度の量だけ必要なときにあればいいのだ。今の給与生活者の家庭では、それが当たり前の話である。

当時、工場内に二カ月、三カ月分の在庫を持ちながら、ときには欠品を起こしながら運営していた工場内を、先に述べた給与生活者の台所並みの在庫管理の世界を目指そうとしたのである。それが「ジャスト・イン・タイム」である。

あるとき、豊田喜一郎氏は「これから倉庫なしで運営していく」と宣言した。在庫を倉庫に抱えておくから、倉庫の土地や建設費、維持費もかかる。しかも、保存できると考えると、いくらでもつくってしまう。そうした発想をすべて捨てたのだ。机に向かって紙と鉛筆だけ扱って生きてきた人間にはできない決断である。

先輩の話では、宣言されたけれど、現場としては何をどうやったらよいか分からず、倉庫という名をやめて部品整備室という名前にしてお茶を濁していたという。

豊田喜一郎氏の考えた「ジャスト・イン・タイム」を具体的な手法として整備し、現場に植え付けたのは大野耐一氏であり、一九五〇年代になってからであった。

29 限りなく大きい「イン」と「オン」の差

「ジャスト・イン・タイム」とは何か？

名称はよく知られているが、「トヨタ方式」の本家としてトヨタが実践している「ジャスト・イン・タイム」のことを深く理解している人は少ない。ひどい人になると、「『ジャスト・イン・タイム』は文法的に間違いで、正しくは『ジャスト・オン・タイム』である」などと主張している。

経済学者の中にこの手の主張が多い。名の知れた複数の学者から面と向かって言われたことがある。「時間通りにやる」の意味であれば、確かに英語では「ジャスト・オン・タイム」になる。しかし、時間通りにやること自体、学者が机上で考えることであり、現実世界ではそう簡単にはいかない。

杓子定規に時間通りにやろうとすれば、その製品をつくる側（前工程）と使う側（後工程）とを一対一で対応させ、双方が十分な生産能力と時間の余裕をもった上で実行しなければ、到底できることではない。その前提に立ってはじめて、「在庫　ゼロ」が達成されるとしたら、いったい何を得したのか？　それでは何のための「ジャスト・オン・タイム」

なのか分からなくなる。

「ジャスト・イン・タイム」と「オン・タイム」の違いを、射出成形機の例をとって説明してみよう。

甲、乙二機の射出成形機を使って(図-4)、納入先A社、B社、C社の三社の製品をつくっているとする。たいていの場合、月次生産計画をMRPの手法で行っている。工場倉庫には先月生産した製品が格納されており、一カ月分あまりの製品在庫となっている。その中から今月の納入がなされている。今月の日々の生産は、納入先から入手した翌月の内示計画を参考にした見込み生産がなされている。

一カ月単位の生産計画となるので、A社の製品に何日間、B社は何日間と、まとめて生産することになる。要は一カ月間に何個の製品ができたかの話になるので、射出成形機の甲、乙の生産能力は差し迫った問題ではない。設備故障があっても、品質不良があっても、納入先に迷惑をかけるような心配もない。

しかし、倉庫には一カ月あまりの在庫があり、いかにももったいない。そこで在庫を減らそうということになる。

トヨタ方式をよく知らない人は「ジャスト・イン・タイム」とは、「必要なときに必要なものを、必要な量だけつくることである」といった噂を聞き、三社に納めるのであれば、

図-4　従来の生産方式

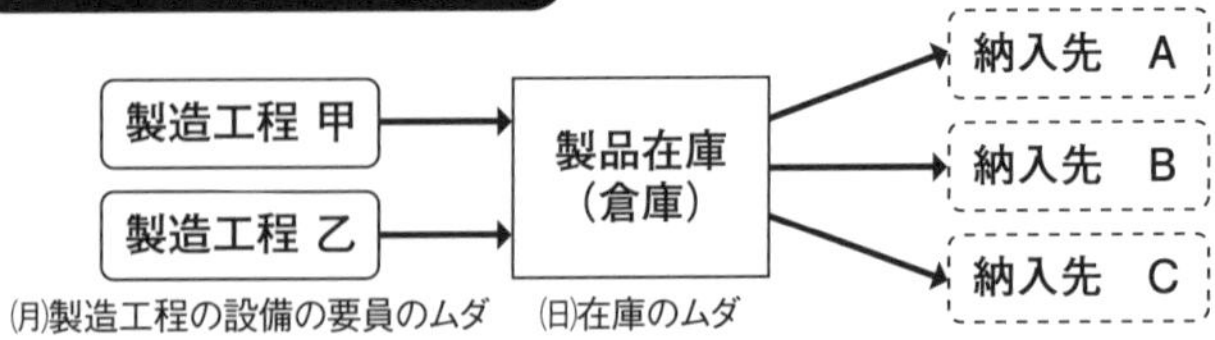

具体例の説明

甲、乙2機の射出成形機を使って、納入先A社、B社、C社の3社の製品をつくっているとする。

大抵、1カ月分あまりの製品在庫があり、日々の生産は翌月の内示計画を参考にした見込み生産がされている。

1カ月単位の生産計画となるので、A社の製品に何日間、B社は何日間と、まとめて製造することになる。甲、乙の生産能力は差し迫った問題ではない。

設備故障や品質不良によって納入先にご迷惑をおかけする心配もない。

しかし、1カ月あまりの在庫がもったいない。

図-5　ジャスト・オン・タイム（同期生産）方式

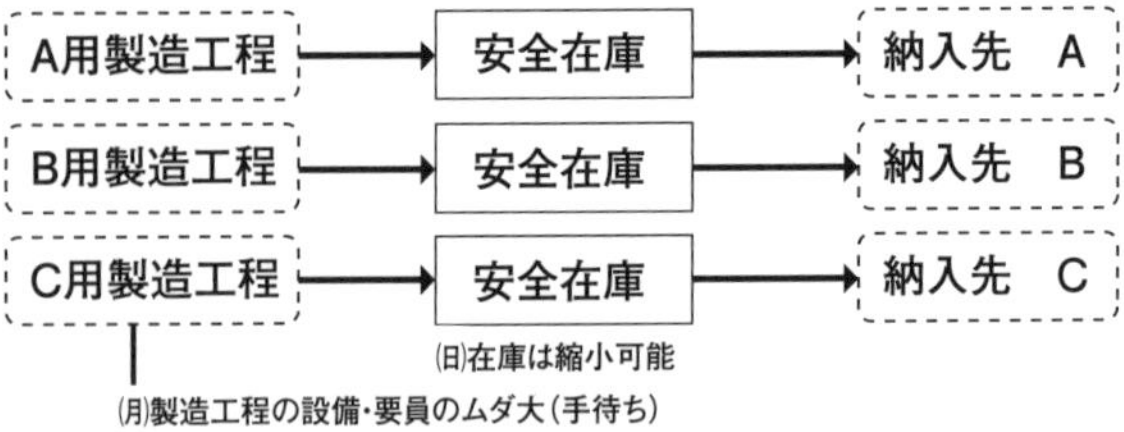

「必要なとき必要なものを、必要な量だけつくることである…」という噂を聞き考えつくのはこの生産形態である。3社に納めるので射出成形機を3基準備しておいてA社、B社、C社専用に使えばよい。そうすれば在庫が「0」で回すことができる。

A社、B社、C社の3社に対して、2基でも十分のときもある。

1基でもまだ余裕のある事態もありうる。

どんなときでもA社、B社、C社に1対1の対応をつけて生産し続けるのであろうか…。

さらに突っ込んで言えば、納入先の能力よりかなり余分の能力をもっていないと、1対1の対応はできないことになる。これを考えると、在庫は改善前の方式より減るかもしれないが、多大な設備と生産要員を抱え込まないと、成立しないことになる。これではかえってコスト高になってしまう。

図-6 ジャスト・イン・タイム方式

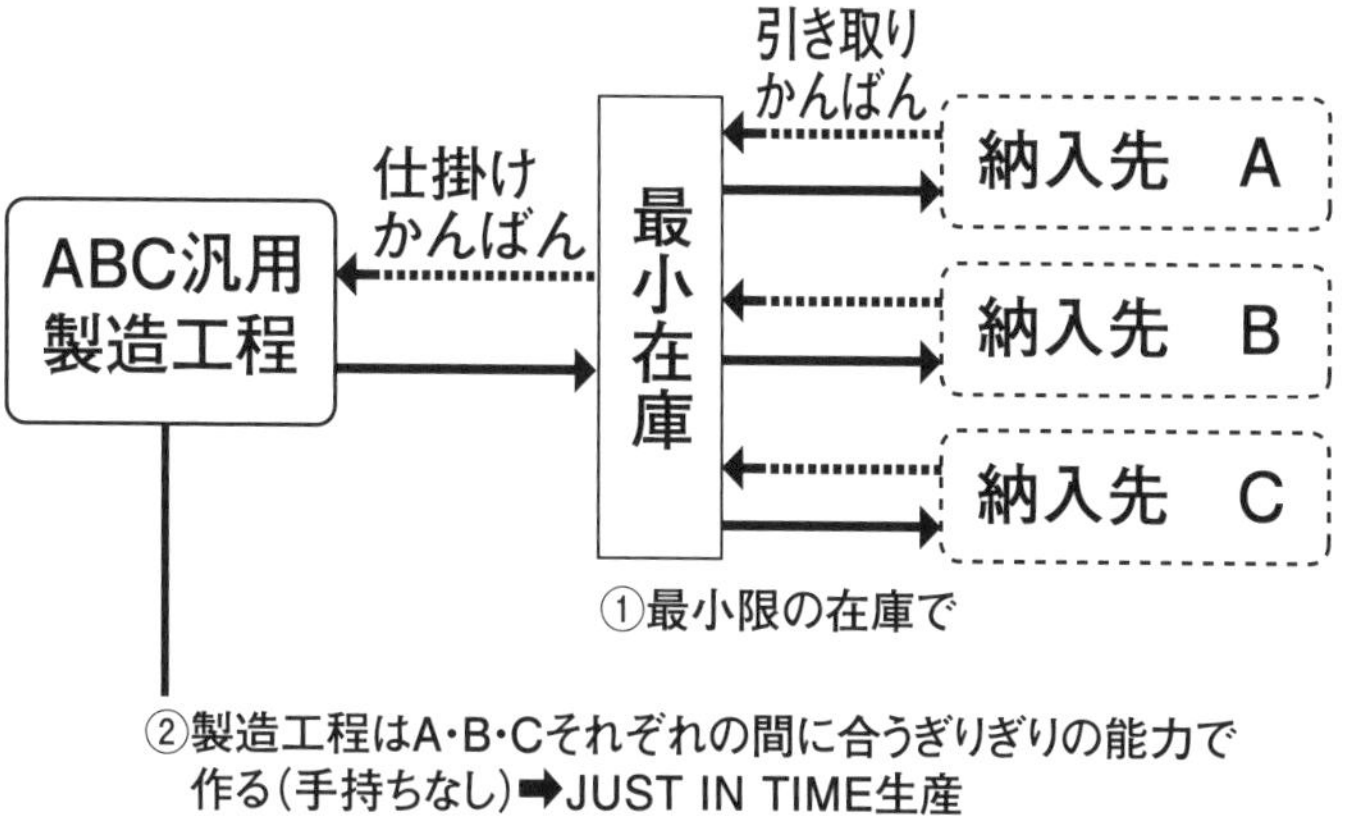

引き取り
かんばん
仕掛け
かんばん
ABC汎用
製造工程
最小在庫
納入先 A
納入先 B
納入先 C
①最小限の在庫で
②製造工程はA・B・Cそれぞれの間に合うぎりぎりの能力で
作る(手持ちなし)➡JUST IN TIME生産

JUST IN TIMEというのは、間に合うギリギリの設備と要員での生産を狙う。

当初の方式が2基の射出成形機でABCの3社に対応しているのであっても、1基でいけそうであれば1基で生産し、余った1基は遊休にしておき、営業にさらなる仕事を探させる。(⇒稼動状況の顕在化)

その状況の中でに在庫を減らそうとする考え方を、JUST IN TIMEという。

従ってJUST IN TIMEの在庫はゼロにはできない。

しかし、限りなく減らしていくことは可能である。

こうすることによって、少ない設備投資で、なおかつ少ない要員で、目一杯の仕事が、しかもより少ない在庫でできるようにする……。だから、これが実現したときは儲かる工場になる。

射出成形機を三機準備しておいて、A社、B社、C社それぞれ専用に使えばいいと考えた（図－5）。

そうすれば、後工程が必要とするとき、必要な種類の必要な量だけ生産でき、在庫はゼロで回すことができる。こう考える人は、「ジャスト・イン・タイム」は英語の間違いで、「ジャスト・オン・タイム」が正しいと考えてしまうのである。

「トヨタ方式」では、このやり方を「同期生産方式」と言っており、決して「ジャスト・イン・タイム」とは呼ばない。

この「同期生産方式」には、生産能力のバランスの問題がある。あらゆる製品は、市場に出せば当初はバカ売れするかもしれない。しかし、どれだけ人気がもつかの時間差はあるものの、いずれ売れなくなり、そのうち生産中止となる。

能力的に見れば、A社、B社、C社の三社に対して、新製品の発売時などを含めあるときは三機の成形機が必要なほど生産量があるかもしれないが、一機で十分のときもある。一機でもまだ余裕のある事態も起こりうる。そんなときでも、A社、B社、C社に対して一対一の対応で生産し続けるのだろうか。生産能力をもてあますことになるのは必定である。

さらに突っ込んだ話をすれば、異常時の回復等を考えると、納入先の能力よりかなり余分の能力を前工程の製造工程は持っていないと、一対一の対応はできないことになる。これを考えると、在庫は「改善」前のやり方より減るかもしれないが、多大な設備と作業員とを抱え込まないと成立しないことになる。これではかえってコスト高になってしまう。それゆえトヨタ方式では同期生産(ジャスト・オン・タイム)を嫌うのである。

これに対して、「トヨタ方式」の「ジャスト・イン・タイム」とは、単に「在庫低減」だけでなく、間に合う「ギリギリの設備能力」と「ギリギリの作業要員数」で生産することを狙うやり方なのである(図-6)。

当初のやり方が二機の射出成形機でA、B、Cの三社に対応しているのであっても、能力から見たとき、一機でも対応できるのであれば一機で生産する体制にし、余った一機は遊休にしておき、営業にさらなる仕事を探させる。余った作業要員は忙しい職場に応援に行かせる対応をとる。

A社、B社、C社の製品を一つの射出成形機で回そうとすれば、ある程度の在庫を持たなければならない。その在庫を活用して、それぞれの納入先に迷惑をかけないようにラインを動かす。顧客(後工程)が欲しいというタイミングに何とかやり繰りして間に合わせること、それが「ジャスト・イン・タイム」の本質である。

この場合の「タイム」が意味するのは「時刻」ではない。相手が必要とする「タイミング」のことである。どういうことかというと、時間（グリニッチ時間）に遅れてもいいわけである。一〇時の約束でも、相手が遅れて一〇時半に来たら、それに間に合っていればいいという考え方である。

さらに言えば、後工程が何らかの原因で止まってしまったとしたら、その工程に部品は送らなくても良いのだ。後工程にしてみれば、ラインが止まっているのに部品だけドンドン送り込まれては困ってしまう。送らないことが後工程に対する親切になる。

最初に言ったように、毎日何らかの問題や変化が起きているこの世の中は、まさに「諸行無常」である。その中にある工場はつねに変化に対応していかなければならない。どううまくやっていくか考えたやり方が、トヨタ方式の「ジャスト・イン・タイム」である。

先の例のようにラインがパタッと止まってしまうこともあるかもしれない。それだけでなく、後工程が必要となる品は時々刻々と変わっていく。時々刻々変わる状況に対してどう手を打っていくか。時々刻々変わる状況に対してじっくり腰を据えて最善策を考えるのはナンセンスである。少しでもましな（ベターな）ことを速くやっていかないといけない。

そのような厳しい状況の中でさらに今より少ない在庫量で回すことに挑戦しようとする考え方を、トヨタでは本当の意味で「ジャスト・イン・タイム」と呼んでいる。

従って、「ジャスト・イン・タイム」の考え方では在庫は絶対にゼロにはできない。

しかし、限りなく減らすことに挑戦し続けるのである。こうすることによって、少ない設備投資（固定資産）で、なおかつ少ない要員で目一杯の仕事が、しかもより少ない在庫（運転資金）でできるようにする。だから、これが実現したときは儲かる工場になるのだ（投下資本利益率の向上がはかれる）。

30 寿司屋もやっている「ジャスト・イン・タイム」

「ジャスト・イン・タイム」の説明をするとき、私はよく寿司屋を例にあげて説明している。握り職人が「ジャスト・オン・タイム」の場合、「何にしましょうか？」と聞いて、お客が答えた瞬間に寿司が出てくる。しかし、この繰り返しでは、お客に「早く帰れ！」と言っているのだと受け取られても仕方がない。

寿司屋では大抵一人の握り職人が四、五人を相手に寿司を握っている。一対一なら簡単だが、なぜ一対五なんて、そんな器用なことができるのか？　答えは簡単で、そこには暗黙の了解があるからだ。それは、「頼んでもすぐには出てきません。あまり待たせることはありませんが、多少の時間はかかることを了承してください」というものである。お客の側にも、一度にたくさん頼まないとか、みんなで一斉に頼まないなどの暗黙の了解も必要である。

矢継ぎ早に頼んで、目の前に寿司をズラッと並べて食べるのではなく、食べる早さで必要なときに必要な量を頼む。これは「タクトタイム」のことである。そして、お客が声を合わせて一斉に頼まない。等間隔とまでは言わないが、適度な間隔を空けて、ならして頼む。これは「平準化」である。これがあるから、握り職人はやっているのだ。

一般的に、寿司屋に来る客は、お腹が空いているから、店に来た当初はピッチが速くてある量を一気に食べてしまう。ところが、それから先は財布と相談して、何をどれくらい食べようか、何をどういう順番で食べようかと考えるようになる。

それが先ほど述べた商品のライフサイクルである。新製品が立ち上がった当初は、かなりの数が売れるが、だんだん売れなくなっていく。しかし新しい商品は入れ替わり立ち替わりできてくるので、注文量が平準化できる。設備の稼働は続くのである。

寿司屋でも同じだ。店に入ってきてすぐはお腹も空いているだろうから、客は矢継ぎ早に好物を頼むが、だんだんゆっくりしたペースになる。

だから寿司屋は一人の握り職人でも大勢の相手ができるわけで、お客さんに寿司を安く提供できるようになる。その代わり、お互いルールを守ることが必要である。注文するときには大ロットで頼まれると困るので、原則として一個ずつ、できるだけ小ロットで頼んでほしい。頼むタイミングは、本当に食べるタイミングで頼んでほしいということだ。

31 狙いはリードタイム短縮

「ジャスト・イン・タイム」は、アメリカの大資本自動車メーカーに、少ない資金で対抗するために考え出された方法である。少ない資金で動かすためには、リードタイムを短縮し(入った材料が出ていくまでの時間を短縮し)資金繰りを良くするしかない。それ故「ジャスト・イン・タイム」の目的は、「リードタイム」の短縮であると言える。

製造部門にとって、リードタイムの短縮の局面は次の二つがある。

(一) お客様から見てのリードタイムの短縮

(二) 自社の材料購入から製造・納品・代金回収までのリードタイムの短縮である。

以下それぞれの局面に対しての考え方を説明する。

(一) の「お客様から見てのリードタイム」とは、お客様が注文(order)を出してから、その品物が納品(delivery)されるまでのリードタイムである。

一般的に在庫量については、定期発注方式であるとか、定量発注方式とかの計算方法があるが、いずれにしても最低在庫量を決定するのは発注し、それが届くまでのリードタイムの長さである。頼んでから届くまで一カ月もかかるようなら、一カ月分の最低在庫が必要となってくるが、頼んだ翌日に届くのなら、企業は一日分の最低在庫でいける。運転資金がものすごく助かるから、購入価格が少し高くてもかまわない。競争の厳しい昨今、同じ価格であれば必ずリードタイムの短いものを買うだろう。

文房具のPLUS（プラス）が販売システム「ASKUL」を始めた。読み方の通り、注文が入れば翌日には届けるシステムである。頼めばすぐに持って来てくれるのであれば、会社の総務は文房具の在庫を持っている必要がなくなる。これが大もてで商売が急拡大し、今では同様の商売が常識化されたと言える。

このように、現在はorder-deliveryのリードタイムが、価格競争と同じレベルの競争項目になったと言ってよいだろう。

ここまでは客から見た話をしてきたが、製造サイドはどうすれば、このorder-deliveryのリードタイムを短縮できるのであろうか。

広く日本全国のお客様にサービスする商品（いわゆるB⇩C）の場合は、いちばん手っ取り早いのは、全国津々浦々に物流センターを置くことである。しかしこれは、在庫量だけでなくセンターの維持費も大変かかるので、できるだけ少なくしたい。最近は物流網を整備してから全国をいくつかの地域に分け、そこに物流センターを置く方法が一般化されてきた。

遠方に点在するいくつかの得意先に納めるいわゆるB⇩Bの場合、納入のリードタイムと物流費が大きな負担となる。最近は得意先の近くに工場を配置し、そこから直納するのが一般的である。この傾向は国内に限ったことでなく、得意先の海外進出に伴い海外にも進出している。

リードタイム短縮の問題を工場の敷地内の話にすれば、客筋からいただいた注文は、工場の完成品在庫の中から出荷されることになる。そして完成品在庫の減った分を生産工程でつくることになる。生産工程で停滞をなくし、仕掛けるロットサイズを小さくしていくと、生産のリードタイムがどんどん短くなる。

そうすると、工場内の完成品倉庫からピッキングして出荷するリードタイムと、生産ラインに指示を出して製品が完成してくるリードタイムとの差がなくなってくる。そうすれば工場の完成品倉庫は、需要の振れに対するクッション代という役割を分担させ、生産は受注生産にすればよい。そうすれば完成品在庫は圧倒的に減る。

これが完成したら、生産ラインのもう一つ前の工程に注文データを入れて、それでも生産のリードタイムが間に合うように挑戦していく。これがトヨタ方式のとるべき改善の方向である。

さて次に（二）の材料購入から製造、納品、代金回収までのリードタイムの短縮について考える。このリードタイムの長さは運転資金そのものの一回転に要する時間を表わす。このリードタイムが半減されれば運転資金そのものが半減されるという。それほど重要なテーマである。

しかし現場で改善できるのは、運転資金のうち、材料仕入れから製造、納品までの現物の世界、言い換えれば棚卸し資産と称する部分である。同じ利益額を上げるにも、運転資金が少ないほど収益性は向上するが、その一部である棚卸し資産を縮小させれば、会社の収益性の向上につながるわけである。

リードタイム短縮と在庫低減とは現象の裏表の関係にある。現場改善に当たっては在庫低減をしようとして観察すると案外在庫は見当たらない。動いている製品は在庫と思い難いからである。これをリードタイム短縮としてみると問題点が見つけやすい。

ある工場に入っていった製品がその工場を通過するのに三時間かかっていたとする。これを二時間まで短縮したいと思って工場内の各工程を観察すると、解決すべき問題点がたくさん見つかるのが通例である。工程待ち、ロット待ちはもちろんのこと、搬送コンベアーのピッチやスピードも気になってくる。そういう意味も含め、工程を見るときはつねにリードタイムに関心を持って見ることをお勧めしたい。

32 安全在庫を減らすと空気が変わる

「ジャスト・イン・タイム」には、さらに先がある。

前節で、注文をいただいてから納入するまでのリードタイム短縮は、市場での競争力になると述べた。また、材料受け入れから納品までのリードタイムの短縮は収益性の向上になるとも述べた。先に射出成形機の例で説明したように、つねに納入先に間に合うギリギリの能力の設備と要員で自職場を運営するという厳しさの中で、右二つの効果を狙ってリードタイム短縮が行われるのである。

リードタイム短縮のためには完成品で持っている安全在庫は減らしている。従って、不良品を出しても、設備故障が起きても、無断欠勤があっても、これらは即座に欠品につながる可能性が高くなる。このような状態になってくると、職場の雰囲気は変わってくる。職場に緊張感が生まれてくるのだ。

現場の全員が、野球にたとえるならツーアウト満塁でツーストライク・スリーボールに追い込まれた投手の心境になってくる。「一球入魂」の世界である。一流の投手はこういった状況の場数をこなすことで成長するという。生産現場でも同じで、このような緊張感の漂う中で全力で仕事をすることによって、やる気が出てきて職場が締まる。

生産現場にとって、少ない在庫で回すことは、工程としては一発必中、設備故障ゼロ%に限りなく近づけなくては達成できない。逆に在庫を減らせたことは、こうした難しい課題を克服できたことであり、大変名誉なことである。これは誰にでも理解できるはずだ。

現にトヨタ内部では、「在庫低減」は、もはや運転資金低減のために行うのではなく、職場の士気を高めるためであり、職場のレベルを表すバロメーターとしての挑戦目標となっていた。言い方を換えれば、在庫量はゴルフのハンディキャップと同じような意味を持っている。ハンディが三〇の人は二〇の人を尊敬し、二〇の人は一〇の人を尊敬する。そして速く腕を上げたいと思う。多くの在庫を抱えながらドタバタするのは現場の管理者としては大変に恥ずかしいことなのである。

強い職場に変えるには、部下一人ひとりに課題を与え鍛えていくしかない。部下に与える課題でいちばん有効なものは、在庫を減らしてやらせてみることである。在庫が減れば、今まで隠れていた解決を要する問題点が顕在化してくる。これを部下に解決させる。次々と出てくる問題を、次々と解決させる。問題点が出なくなったら、さらに在庫を減らしてもう一つ上の問題に挑戦させる。

このように少ない在庫で現場を運営する厳しさが、働いている人たちを鍛え、成長させ、そして彼らに働き甲斐と働く誇りを与えてくれる。「ジャスト・イン・タイム」は単なる手法ではない。「ジャスト・イン・タイム」に挑戦することが人間を成長させるのである。

このトヨタ方式に対して、世間一般のやり方は、工場の状態が良くなったら在庫低減をしよう、とするものであった。よく、「稼働率向上」「一発必中」「故障低減」などと書かれたポスターを工場内に掲げ、上司は部下に訓示し、故障が出たら叱りつける工場がある。こうすることで故障率が下がり、不良率も低減し、その結果、在庫を少なくできる状態になると信じ込み、その状態になってから在庫を減らせばよい……と考える人が多い。

しかし、このような取り組みでは故障は減らない。従って在庫はいつまでたっても減らすことはできない。なぜかと言えば、従業員をして真剣に取り組ませるだけの「ニーズ」「インパクト」がないからである。

33 窮地に立たされると人は成長する

中国の故事に、「背水の陣」というのがある。韓信という将軍が少数の軍で多数の敵と戦い、勝利するために、川を背にして陣を張り、逃げるよりも敵と戦ったほうが死ぬ確率が少ないような場所に自軍を置いて戦いに臨んだ結果、味方の戦意は高揚し数倍の敵に勝つことができたという。これは戦場での話であるが、製造現場でも似た状況にある。「故障率が低減したら在庫を減らす」のではなく、「在庫を減らして故障率を低減せざるを得なくする」のが近道である。

在庫を減らすためには、次のようなプロセスが良いとされていた。

①在庫を一カ所に集めて、半分に封印をする
②どうしても回らなくなったらその原因を申告させて封印を解く
③封印を破る必要がなかった部分はもともと過剰在庫にあたるので削減させる
④これを繰り返していく

すると現場ではどういう対応をするだろうか。今まで同様に「設備が故障した」と言ってのんびりしていては、欠品になることは誰でも分かる。欠品になれば、みんなに迷惑をかけてしまう。故障を起こさないようにすることは難しくても、故障したら短時間で修理する工夫が生まれてくる。たとえば表示板や赤ランプなどが取り付けられ、故障した瞬間にそれが判明するようになる。

作業への取り組みにも真剣味が出てくるだろう。どこが故障しやすいか傾向をつかむようになり、監視ビデオが取り付けられ、故障したらそのときの状況を再現させ、真因をつきとめようとするようになる。

いったん設備が故障すれば、欠品にならないようにその日のうちに生産を挽回させなければならなくなる。故障は保全部署だけでなく、作業員にもダイレクトに影響を及ぼすことになる。彼らにとって他人事ではなくなり、故障を起こさないようにするには作業員としては何をすべきか真剣に考えるようになる。

在庫がなくなったら大変なのは誰でも分かる。しかし、在庫を減らすことで、保全要員だけでなく、作業員も故障低減に力を合わせて取り組むようになる。それが「トヨタ方式」で得られる最高のインセンティブである。

筆者には忘れられない事例がある。田原工場の製造課長をしていたある日、午後四時半にある設備のヒューズが飛んで、ラインがストップしてしまった。担当の職長がやってきて、「課長、ヒューズが飛んだのが四時半でよかった。何とか後工程を止めずに対応できる」と報告して現場に引き返していった。

現場に状況を見にいくと、指揮していた職長がこんなことを言った。

「課長、ヒューズが飛んだということは設備のどこかに無理がかかっています。その真因を見つけ出して直しておかないと、夜勤で故障が起こる可能性がある。そしたら大変だ。このままでは夜勤の人たちに顔が立たない。保全要員と作業員の一部を残業させ真因をつかんで本対策をしておきたい」

その言葉を聞いた筆者は感激していた。課長が何も言わなくても、故障が起きたら何をすべきなのか、自分の責任は何か、明日のために今、何をなすべきかを自ら考え、自ら行動してくれる部下に育ってくれたことが何より嬉しかった。

在庫がないのが分かっているから、夜中に故障が起きたら大変なことになる。「これはぜひ昼間のうちにやっておかねばなるまい」と職長も思うし、その下で働く部下たちだって思う。だから文句一つ言わず、説得されずとも黙々と原因究明に当たっている。

これが、在庫が一週間分あったらどうだろう。「ヒューズが飛んだので新しいのに取り替えました。原因は今度の土・日で調べることにします。今日はこれで帰ります」となるに違いない。

在庫が三〇分しかない現場と、数日分もある現場では運営の仕方が全然違ってくる。褌の締め方が全然違うのだ。このまったく違う雰囲気の中で現場の人たちが一〇年、二〇年過ごしたら結果としてどのくらいの差になっていくのであろうか。

第四章　在庫はどこにできるのか

――最小在庫量はつくり方で必然的に決まる

◆第四章のポイント

① つくり方によって最低限必要な在庫量が決まる。
② 「プル方式」で初めて在庫量が顕在化し、調整ができるようになる。
③ 在庫を減らそうとすると、改善すべき点が顕在化する。

在庫を減らすということは、つくり方を変えていくということである。
結局は地道に弛まず不良を減らし、故障を減らしていくことに尽きる。

34 前・後工程のつなぎに在庫が要る

ここでは生産管理的な話をしたい。筆者が経験した改善事例で説明するのが良いのだが、製造工場ともなると、ちょっとした製品でも構成部品がたくさんあって、とても紙面が足りない。

そこで東北で見た、いちばん簡単なこけしの製造工程をイメージして説明したい（図-7）。

その工程は、次の五つの工程からなっていた。

①切断：小さな丸太を、頭用、胴体用に切断する
②ろくろ（頭）：こけしの頭の形にろくろで削り出す
③ろくろ（胴）：こけしの胴の形にろくろで削り出す
④ろくろ（結合）：頭を胴にはめ込む
⑤絵付け：目・口・髪・着物を描き入れて仕上げる

工場は土産店の隣にあり、「製造直売」の大きな看板がかかっていた。それぞれの工程は分かれた場所にあり、工程と工程の間は中間製品の山であった。

これをモデルにして、以下の説明をしたい。

①工程では、細い丸太を切断して、頭用と胴体用の二種類の中間製品をつくっているが、一般にいくつかの異なる製品をつくる工程では、一つの製品をつくっている間は他の製品がつくれないため、その間の分を在庫として持っておかなければならない。

一般に一つの工程から先で述べたような種類の製品を出す場合、または一つの製品をいくつかの後工程に分配する場合に必要となる在庫を「分岐（点）の在庫」という。

④工程では、頭と胴体とのはめ合いを調整しながら、はめ込んでいった。いくつかの製品を合わせて一つの製品をつくっていくとき、一般的には、パーツとなるそれぞれの製品を

図-7　こけし工場の流れ図

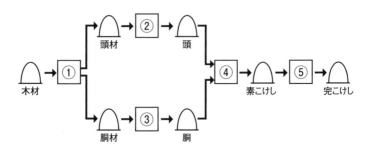

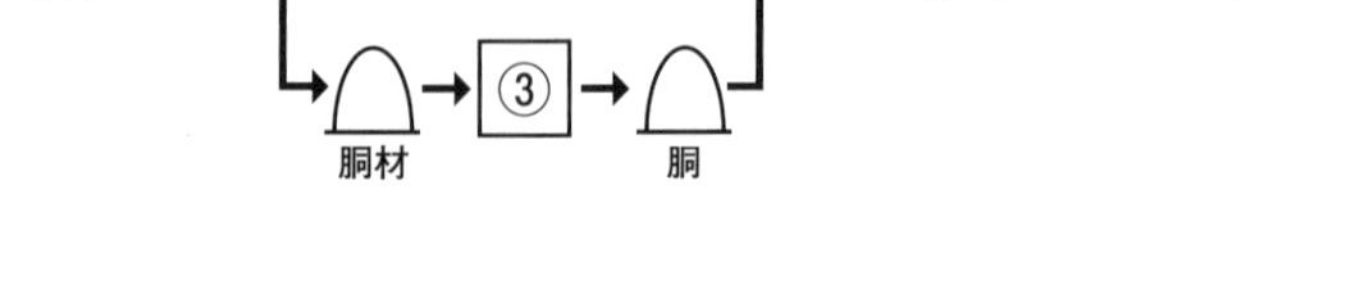

製造するに要する時間が違う。したがってそのタイミングを合わせるための在庫が必要となってしまう。

このように複数の製品を集めて一つの製品にまとめていく場合の在庫を、「合流（点）の在庫」という。

この例で分かるように、分岐点、合流点には、どれくらいの量が必要かは別として、ある量の在庫がないと円滑に製品は流れなくなる。

多くの製造業の現場では、図-8のように、たとえばA、B、Cの前後関係にある三つの工程で製品が加工されているとき、各工程の設備能力は必ずしも同じではない。

今、A（三〇個／h）、B（二五個／h）、C（三五個／h）の能力があったとすると図-8のような使い方しかないと思いこみ、それぞれの分岐・合流を繰り返している場合が多い。

A、B、Cの工程の間に、どれくらいの在庫があるか想像してみてほしい。このような乱れた状態のときトヨタ方式では、これを「乱流」という。

もし、生産計画が四〇個／hの生産でよいのであれば、図-9のような配分にして流せば、分岐・合流がなく、すっきりさせることができる。このようにすることをトヨタ方式

図-8　分岐合流のある場合

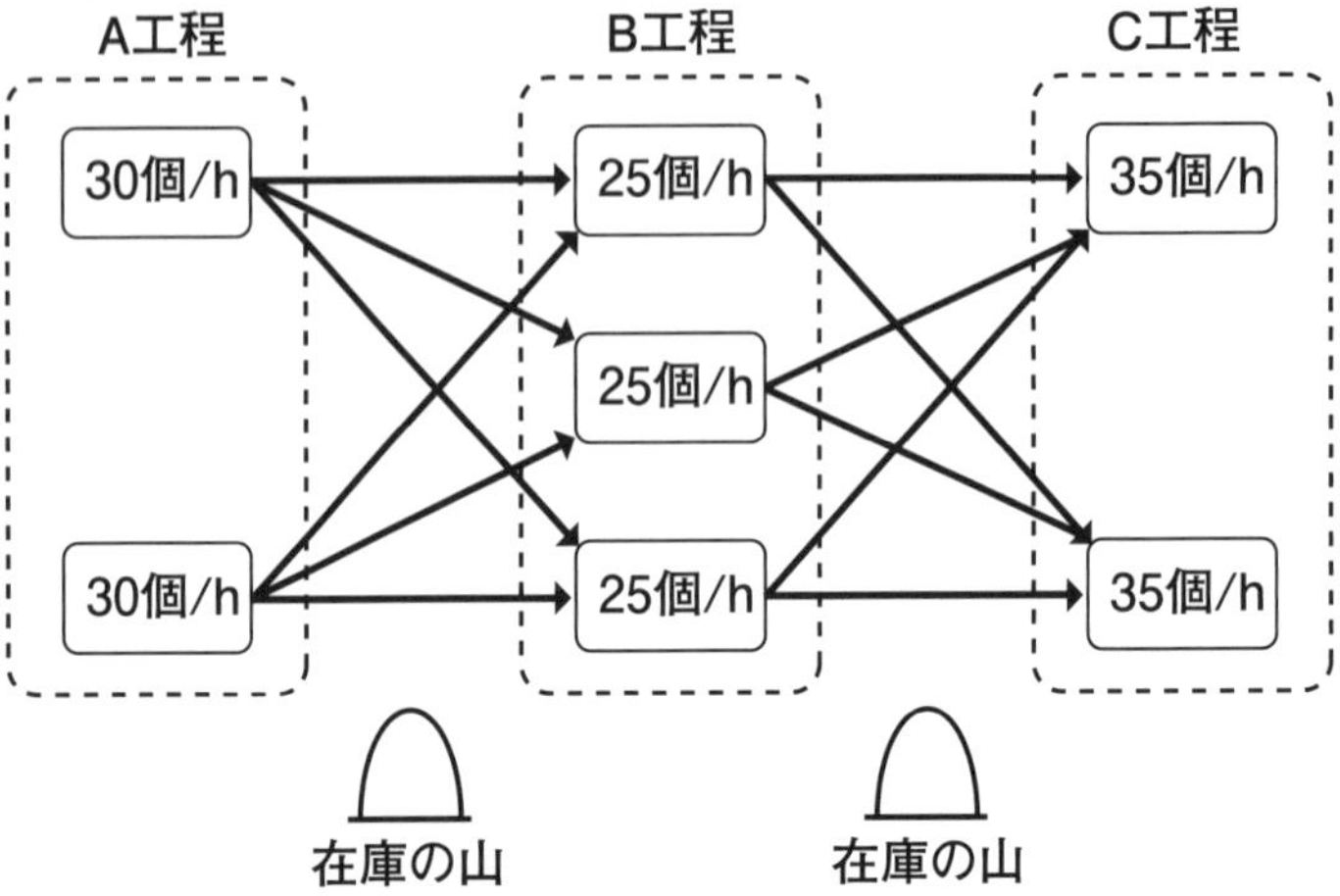

図-9　整流化した場合

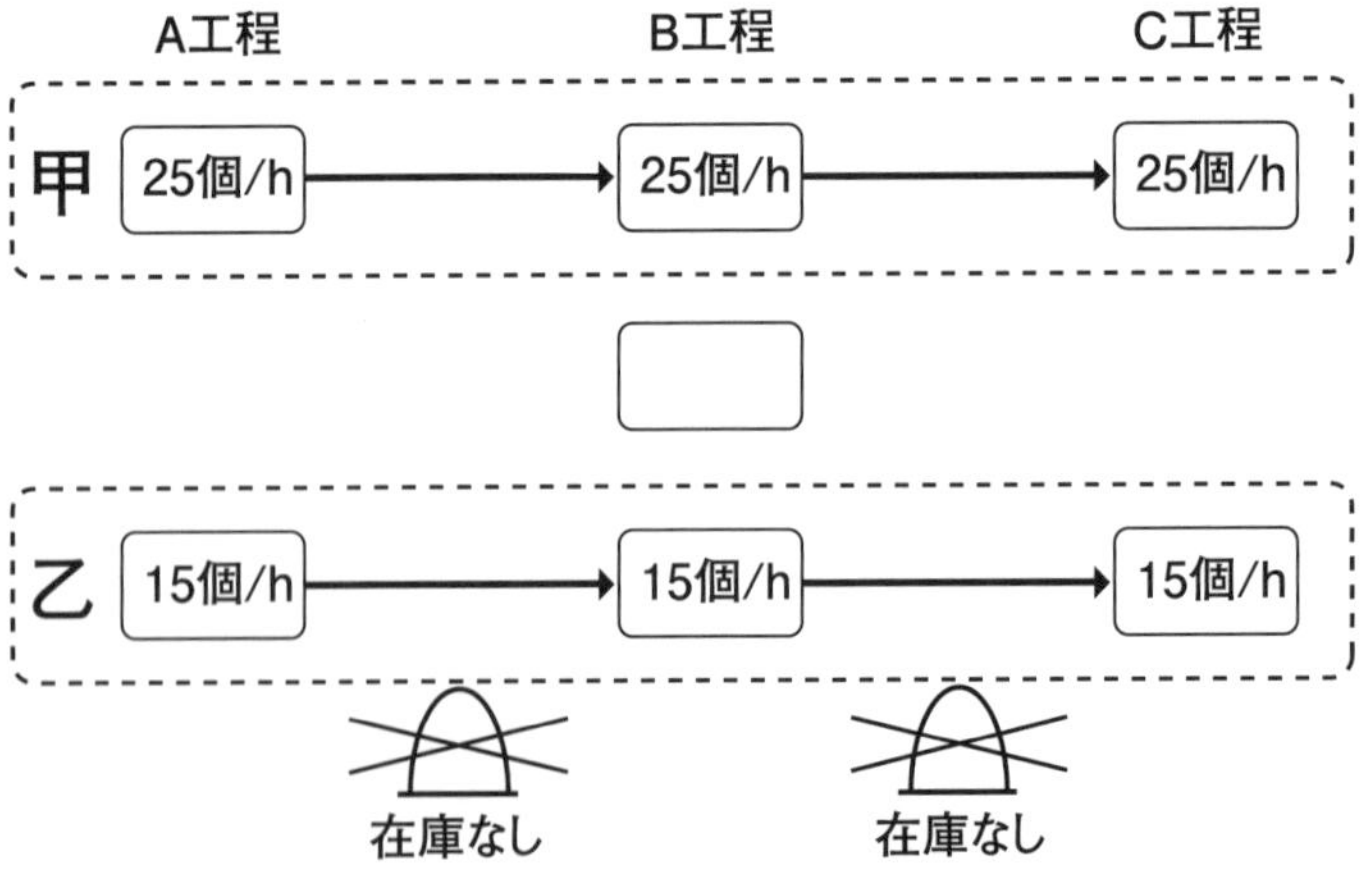

ではこれを「整流」という。

整流化させることで、A～C間の在庫は大幅に減らすことができると同時に、A⇩Cの通過時間、言い換えれば、加工のリードタイムを大幅に短くすることができる。

さらに、途中で不良を発生させたとき、直ちに原因が分かり、手が打てるようになる。A・B・Cの各工程同士の助け合いを重んじて工程単位で管理することをトヨタ方式では「横持ち管理」という。

これに対して、整流化された後、整流化がうまく維持できるように、流れ単位で「甲グループ」と「乙グループ」のように分けて管理することを「縦持ち管理」と呼んでいる。

この「縦持ち管理」がうまく動いてくるとA⇩B間の運搬のムダが見えてくる。

A工程の機械とB工程の機械とC工程の機械とが一対一でつながっているのなら、設置場所を離してわざわざ運搬する必要はない。縦一列に並べてしまえということになる。そうすれば工場間運搬から工程内運搬に変わり、運搬工数を大幅に改善できる。

早速、改善をする。運搬工数は浮く。これを運用していると次の問題が見えてくる。

それは、A工程の機械、B工程の機械、C工程の機械それぞれの機械間で、生産ロットが違ったり、故障率が違ったりで、たとえば甲グループなら生産の速さが一五個／hというものの、一日ではかなりの差になってしまう。そのため、工程間の在庫が増えたり、欠品になったりする。

このように直結すると、機械故障や品質問題が顕在化する。改善に取り組み、これらを解決すると、AとB、BとCの間の在庫量はほぼ一定のレベルで推移するようになる。

こうなったら、また工程間の在庫を減らす。そうするとまた欠品で後工程が止まるようになる。さらなる故障低減と品質向上に取り組むことになる。これらを繰り返していくうちに、ついには数個の工程間在庫まで減らすことができる。

そこまでいったら、今度はA、B、Cを一本のラインとしてつないでしまえということになる。こうすることによって工程間運搬がなくなり、もちろん工程間在庫もなくなる。

一本のラインにつなぐとなると、A、B、Cどれが止まってもライン全体が止まってしまう。言い換えればA、B、Cの持っている欠陥が、厳しい形で顕在化してくるわけである。その欠陥を直すしか、稼働を上げる方法はない。この目標に向かって、またこつこつと改善していくのである。

トヨタ方式では、この工程のつなぎ方を大きな問題として取り組むのだ。

この例の中には、トヨタ方式における改善の多くのことが含まれている。ついでなので、ここでそれらを説明する。

（一）運搬の改善にトヨタ方式の特徴がでる。あるとき、物流関係者の集まりでトヨタの役員が「物流改善の目的は物流をなくすことである」と発言してひんしゅくを買ったという話を聞いた。この役員にとっては物流とは工場内物流のことを意味し、工場の外の話は彼の頭になかったため誤解を生んだのであった。

トヨタ方式においては、工場内物流の改善とは「物流をやめる」か、「少量多頻度で運ぶようにする」かのどちらかである。これは運ばれる「部品の立場」になってみれば分かることである。

(二)「改善は無限である」ということの意味が一部お分かりいただけたと思う。改善とは、こつこつと設備故障をなくし、品質を向上させていくことをいう。

先程の例で言えば、工程の「横持ち管理」を「縦持ち管理」にしたこと。「工程を直結したこと」「一本のラインにしたこと」は改善の成果なのである。こうした難しいことをしても、これらが円滑に回るように工程の管理レベルを上げていくことを改善というのである。

日本には「這えば立て、立てば歩めの親心」という言葉がある。「ハイハイ」ができるようになったわが子に親は「タッチ（立って）」ができるように誘導し、「タッチ」ができるようになったら「アンヨ（歩いて）」ができるように誘導する。「ハイハイ」ができたことで満足していたらいつまで経っても「タッチ」はできない。親が強引に立たせると立っている時間がだんだん延びる。こうすることで子供は成長する。現場の改善でもこのように、あるレベルに達したら、上司が職場を次のステップの状態に勇気を持って追い込んでいくことが必要である。

35 計画生産（PUSH）か後補充生産（PULL）か

計画生産（MRP）は文字どおり最初から計画を立てて運営していく方法である。「計画的にことを進める」という言葉がある。綿密な計画を立てないとタイミングが合わなかったり、手配漏れがあったりしてうまく進まない。これは当然のことである。

では、綿密な計画を立てれば事業はうまく回り続けるかというと、残念ながらそうはいかない。

先に「諸行無常」について説明したが、計画の前提条件が日々変化する。

導入時に、設備故障率、設備導入期の数個のデータから推定して安全をみて多目に決めたが、時間とともに故障は少なくなり、保全要員も腕が上がり起きた故障もすぐ直せるようになってくる。すると設備が停止する時間が減ってきて、予定より速くできてしまう。

作業時間も、新製品立ち上がり時の実測値を基にして必要人員を計算して立ち上げたが、日が経つにつれ腕が上がり、速くできるようになってくる。しかも、工程によって大幅に速くできるようになったところと、ほとんど速くなってないところが出てくる。機械と違って人間は自分で速さ調整をしてしまうので、そんな気配を感じるだけで、現実の問題点となって表面化はしにくい。「小人閑居して不善を為す」という諺のように、仕事の少ない職場では、不平等な仕事の配分になりやすく、不平不満が溜まる。暇な人が、余計なことに走り、労務問題や社会問題の温床になりかねない。それだけに表面化したときは深刻な問題点になっていると思ったほうがよい。

品質についても、製品立ち上がり当初は作業不慣れもあって傷や誤品が多かったりする。その対応として最終工程に検査員を二名、手直し要員を三名配置したりする。作業が慣れてきて、傷も誤品も減って当然なのに、検査は二名とも一生懸命検査し、限度見本以下の傷を見つけている。手直しは、暇に任せて、直した後をさらに検査し、手直しをし直している可能性がある。

つまりMRPの場合、不良率は一定で計算されているから、時間とともに品質向上すると完成品在庫がたまる。設備故障が減ると、速くできてしまい、調達部品が欠品気味になり完成品の在庫が増える。作業が慣れれば手待ちができる。立ち上がり当初と比べるとドンドン暇で退屈になっていってしまう。しかし見かけは何の問題もなく、きわめて順調に

「計画通り」回っている工場という評価を受ける……。これが計画生産における現場の実態である。

計画生産の対極にあるのが「後補充生産」のシステムである。

後補充生産とは文字通り「使った分だけ補充生産する」ということである。例を挙げれば、水洗トイレの水と同じでタンクに貯まっている水が流されると、誰かが指示しなくても、もとのレベルまで自動的に水が補充されるようになっている。ここがミソである。

工場においても後工程が持っていった分だけ補充するのだが、少ない在庫量で欠品しないように生産するためには、「何」を「どの順番」で「何個」つくるかの情報整理がいる。生産部品の種類が少なく、後工程が一つといった簡単な構成であった初期は空の通い箱が返ってきたら、その日の内に満タンになるまで生産する、という方法で回していた。

後工程が複数になり、生産部品数が増えてきた。すると、通い箱に本来の「通い箱としての機能」と何をどの順で生産したらよいかという「情報媒体」としての機能を兼務させたままでは、通い箱は激増し、現場は通い箱で身動きできなくなってきた。そこで「情報媒体」の部分を独立させた。独立させた情報媒体は、「剣つば（竹刀の鍔《つば》）」や小さな「鉄板」や、ビニールケースなどがある。この情報媒体をトヨタでは「かんばん」と呼んだ。

ここから「かんばん方式」の名前が生まれたのであるが、本書では割愛する。

図-10　集中制御か自律分散か

［集中制御型］
指示で動く単なる「工程」から構成。

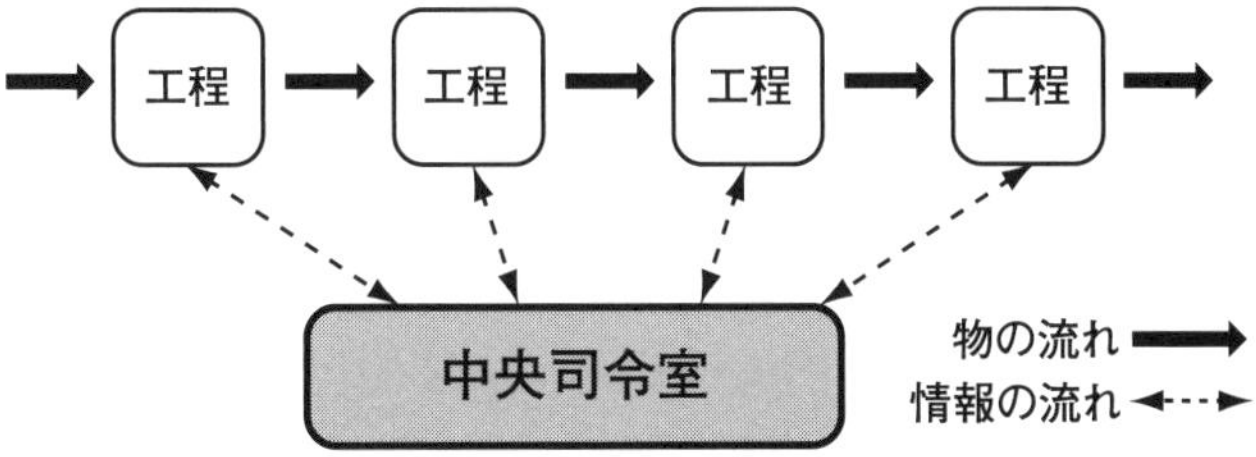

現場複雑:流れ・負荷変動・異常処置⇒コンピューターで制御
実態:余裕をみた高めの不良率、作業時間、設備故障率で、
「数学的」に解答を出して、現場に指示。
現場:不良率低減・作業時間短縮等の改善をすると、計画が狂う。
➡向上心・改善意欲を削ぎ、職場の体力を落とし続けていく…

［トヨタ方式:自律分散型］

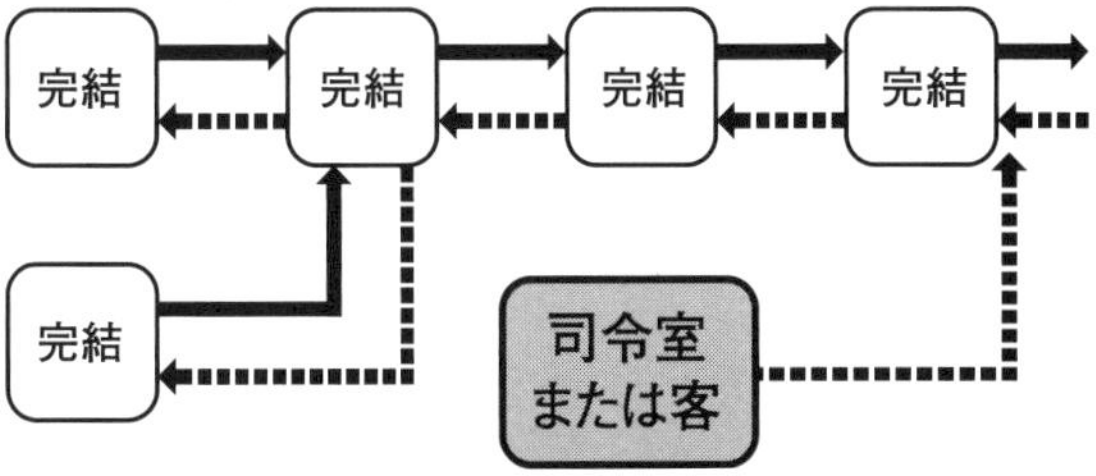

「工程」は、「自己完結」した単位、「店」と「客」の関係でつながる。
自律分散型システム➡柔軟性・追従性
日常運営:やるときは全力でやり、止めるときはきっちり止める。
問題点が常に顕在化された状態になる。
異　常　時:優先順位が現場で分かり、現場で対応。
職制のリーダーシップが伸ばせる。
改善したとき:成果が形になって現れる。
➡共通の問題認識が生まれ、改善が進み、強い職場体質の醸成が期待できる。

図-10は「集中制御」と「自律分散」のイメージ図である。後補充生産では前後工程は現場の責任で増減できる在庫でつながっており、それぞれの現場が自分たちのペースで思い切った改善ができる。その改善で、企業を取り巻く環境変化に素早く追従できるようになる。

製造工場の各工程が、後補充生産でつながっていることで、どこかの工程が一時間止まったとき、関連する工程は、自律的に止まる。指示し、連絡して回る必要はない。稼働再開するときも、停止した工程が問題解決して再起動すれば、自律的に全体が動き出す。「後補充方式」はきわめて自律的なシステムであり、それは実は生物の基本的なシステムなのである。

血液中の各成分の濃度はいつも一定であり、そのうちの一つである酸素濃度も一定である。血液の酸素濃度が下がってくると、体内には酸素濃度のセンサーとも呼ぶべき機能があって、薄くなると上げるように調整できるようになっている。運動して酸素が少なくなると、本人は全然意識しなくてもセンサーが感じ取り、自律神経を働かせ自然に呼吸が速くなり、脈拍も早くなって、酸素を補う動きをする。つまり、それが「自律分散」である。

たとえば、右腕の筋肉を一〇回動かしたら、右腕のエネルギーが一〇回分減少したことになる。すると、脳がわざわざ「エネルギー源を補給しなさい」と指示を出すのではなく、一〇回動いたら濃度の下った血液が、体内を巡ることで情報を伝え、エネルギー源である糖分は肝臓からもとのレベルになる分だけ生産され、酸素は肺から供給される。それで不足なら、心拍数が増え、血液の回転数を増やす。製造現場でいえば、運送回数を増やすわけである。肺の酸素が不足なら、呼吸数を増やす。そして、状況がもとに戻れば心拍数、呼吸数ももとに戻る。これが身体の「後補充」のメカニズムである。

大野耐一氏も『トヨタ生産方式』の中でこう書いている。

「私どもの生産現場についていえば、自律神経とは、現場の自主判断機能ということである。今日はもうこれ以上つくらなくてもよいとか、いろいろな部品のつくる順序であるとか、あるいは今日は残業してでも一定数をつくらなければならないとかいった判断を、いちいち人間の身体でいえば脳に相当する生産管理部や工務部などに問い合わせなくとも自らの判断でできるような現場にするということである」

つまり、中央の指令ではなく、一つひとつの臓器が「自律分散」で機能していて、何か動いたら自動的に空いた穴が埋まっていく。そういう仕組みになっているからどんなことでもできる。運動の負荷が続くと、筋肉が少し大きくなっても環境変化に対応していく。骨はいつも負荷を感じていて、耐えられないから骨を太くするのに「カルシウムが欲しい」

と思えば、血液からどんどんカルシウムを取り込んでいく。そして、今度は血中のカルシウム濃度が低くなると、一定になるように違うところからカルシウムを補給してくるシステムになっている。それで足りなければ脳に指令を出して、カルシウム分を摂るように指令を出す。人間の身体の中はちゃんとうまくできているのだ。

また、大野耐一氏はこうも書いている。

「企業が大きくなればなるほど、反射神経をうまく設置しなければならない。ちょっとした計画を変更するのにも、大脳の命令が出なければやれない、つまり、生産管理部が伝票を切る、計画変更書を出す、そんなことをやらなければ動き出せないようでは、企業はヤケドや大けがから免れることはできないし、大きなチャンスを逃してしまう。変更を変更と気付かせないような微調整機能を企業の内に備える。これこそ反射神経を内蔵させることであろう」

此処では計画生産より後補充生産が有利であると説明しているが、視点を高くし、工業界全体を見渡せば、個々の企業は計画生産しているが、自動車の生産計画に基づいて鉄鉱石を掘り出しているのではない。

鉱山業も、製鉄業も、鋼材メーカーも、自社の在庫量を見ながら計画生産している。生産の頻度を短くすれば、在庫後補充生産と変わらなくなる。現にＮＥＣパーソナルコンピューター米沢事業場ではMRPを30分に一回廻し、後補充生産に勝るとも劣らぬ成果を上げていると聞く。

参考にされたい。

36 在庫量を決める①ロットサイズ

前に述べたこけしの工程に話を戻そう。

図-7の①工程は、長い丸太材を短く切断して頭用にし、長く切断して胴体用にしていた。それぞれ一〇〇〇個単位で生産している（1ロット一〇〇〇個）とする場合、順調にいっているときでも世間相場として、最低でも、一ロット分以下の在庫になるのをいやがる。このように最低でも安全のために確保しておく在庫ということで、世間では安全在庫という。

トヨタ方式では、これを「安心賃」と言い、できるだけ小さくするように指導している。最小在庫を一ロット分とすれば、通常の管理は、残りが一・五ロット分になったときに、一ロット分をつくり始めることになる。残りが一ロット分になったとき、完成した一ロット分が入ってくるので、一口で言えば、二ロット分の在庫で回っていることになる。

一ロット一〇〇〇個であれば約二〇〇〇個の在庫になる。

一ロット一〇〇個であれば約二〇〇個の在庫ということになる。

ロット当たりの在庫を論じているときは、このように、何ロットの在庫を持つのかということになる。だから在庫を減らすことは、ロットサイズを小さくすることである。

さて、ロット単位で行う仕事に運搬がある（図‐11）。

一〇〇〇個単位で運搬するとすれば、前工程の出荷場に一〇〇〇個以上の在庫があり、後工程の受け入れ場にも一〇〇〇個以上の在庫がある。リードタイムの比較的短い運搬なら、道中にある在庫は一ロットと

図-11　在庫量とロットサイズの関係

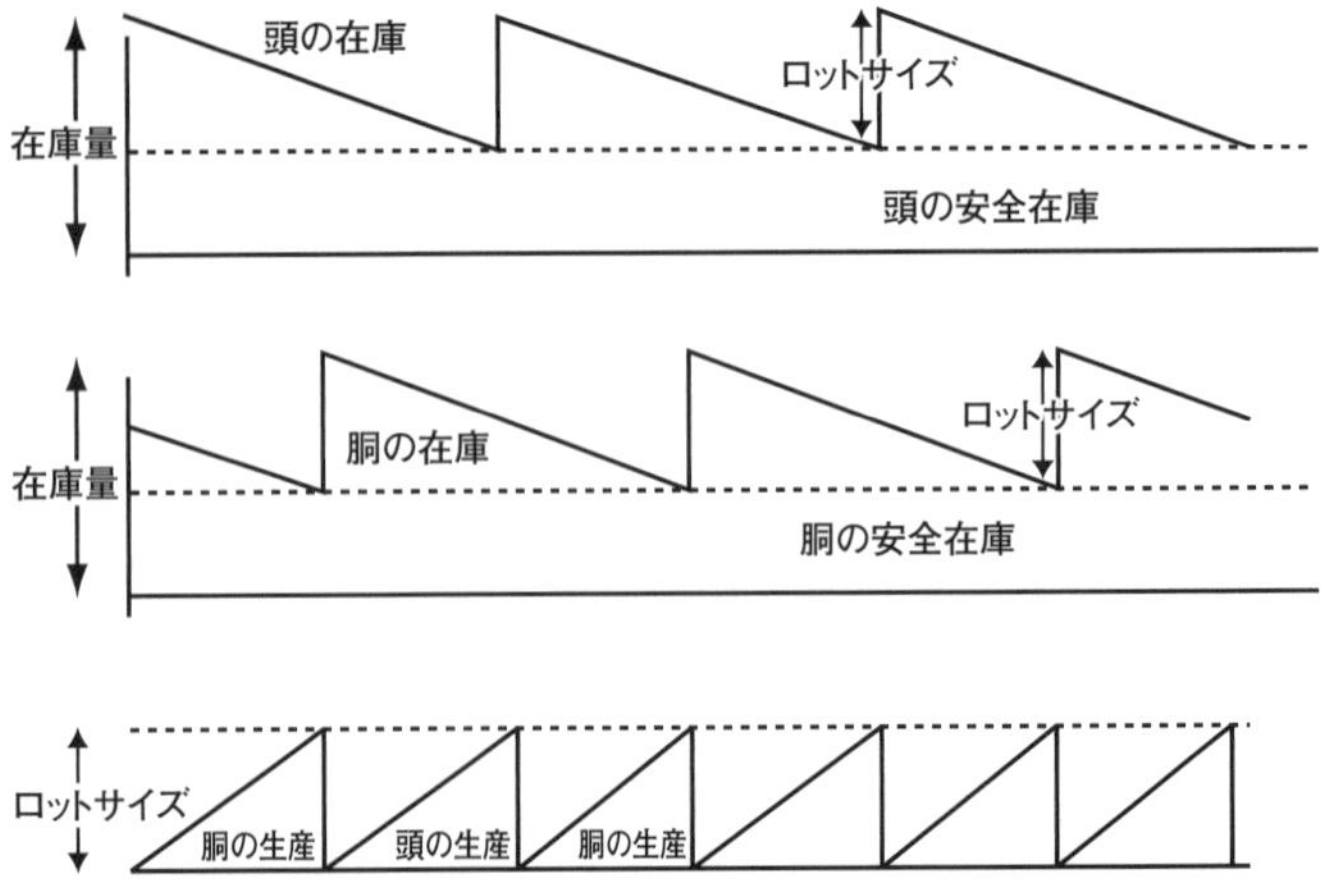

して合計で三ロット分以上の在庫（この例では三〇〇〇個）があることを意味している。
従って、運搬ロットサイズを小さくすれば、運搬在庫も減る。

37 在庫量を決める②リードタイム

「注文されてから納品するまでのリードタイム」が在庫量を決める要因になる。ここでは商品一単位当たりの「注文されてから納品するまでのリードタイム」のことを「補充の速さ」と定義し、お客様に待っていただける限界の時間を「売れの速さ」と定義したとき、店頭に完成品在庫が要るかどうかの検討をしてみる。

例（一）［補充の速さが十分速いとき］＝客が待てる：注文生産可能

注文されたら瞬時に商品をお客様につくってお渡しできる場合は、完成品の在庫はゼロでいける。

ソフトクリームが良い例である。注文をすると目の前でつくってくれ、注文生産の典型である。

劇的に変化したのは駅の切符売り場である。昔の切符売り場は、壁一杯にびっしり切符を入れたケースが並んでいた。行き先を言うと見事な早業で抜き取り「○○円です」と言っていた。早業は早業で感心するが、今から思うと、宛先別に印刷してある切符の在庫管理はさぞかし大変だっただろうと思う。このプロセスを大改革して、注文生産に変えてしまった。そして在庫をなくしただけでなく、切符販売そのものを無人化してしまった（図-12）。

例（二）［補充の速さがやや速いとき］＝待ってもらえないときもある場合

注文生産でいきたいが、注文をいただいてからお渡しするまでの時間（リードタイム）が、お客様の待てる限界をときには越えてしまうことがあるとき、各種類一単位ずつなどの最低限の在庫を持ち、注文をいただいたら注文生産のように直ちにつくり始めながら準備してあった在庫品をお渡しすることで回すことができる。巷の例では「たこ焼き」や「たい焼き」などがこの例である（図-13）。

例（三）［売れの速さとトントンのとき］＝待ち行列ができるときがある場合

客が待ち切れなくなって逃げてしまう場合が予想されるような事態になったら、在庫後補充生産に移らなくてはいけないが、境界線上であるならいくつかの改善手段がある。

①作業手順を見直しして、速くできるように改善する。
②手助けができる作業があったら、助っ人を入れることでリードタイムの短縮を図る。
③中間製品の在庫を持ち、原料と中間製品の間は在庫後補充とし、中間製品と完成品（商品）の間は注文生産の形をとる。

たとえば「うどん」と「そば」である。麺は茹でておき、注文が来たらトッピングを乗せてお渡しするのが、よくやられている方法である。（図‐14）

以上は、個人の客を対象とした事例であったが、これが企業同士であれば、注文を受けてから納めるまでのOrder to Deliveryのリードタイム（ODリードタイム）は三日であったり二日であったり、あるいは一

図-12　在庫なし、受注生産

切符、アイスクリーム

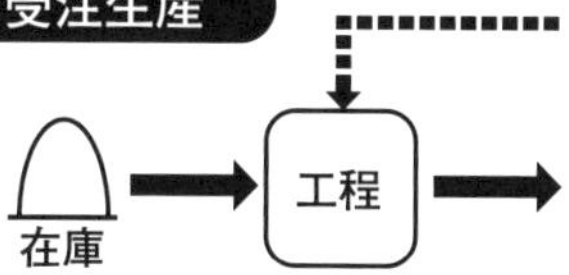

図-13　半完成品在庫ありの受注生産

たこ焼き、たい焼き

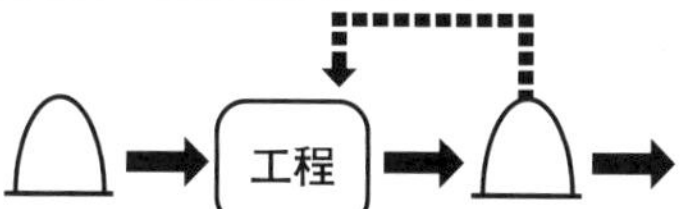

図-14　完成品在庫あり、後補充生産

うどん、そば
茹でたうどんを持っていて、注文生産

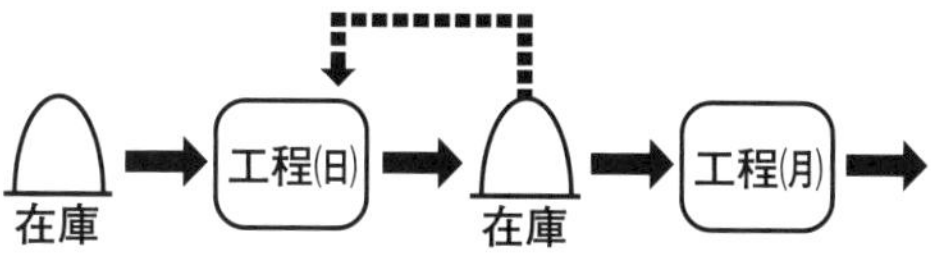

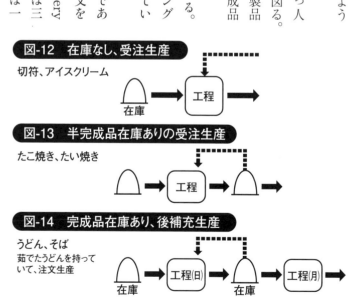

日であったりする。その条件の下では、このリードタイムが短ければ受注生産が可能となり、在庫を激減させることができる。

この意味からODリードタイム短縮の改善が大変重要だと分かる。

逆の立場で言えば、仕入れ品の安全在庫は、ないと気がついてから発注し届くまでの時間つまりODリードタイム内に、自社でどれだけその仕入れ品を必要とするかで決まる。

従って仕入先のODリードタイムが短いほど在庫を減らすことができ、このことが仕入れ先にとっての競争力になる。このODリードタイムには運搬時間も含まれる。仕入れ先が在庫後補充生産であれば、この問題は運搬の問題となる。まちがえて運搬の工数低減としてまとめて運ぶ会社が多いが、これにより在庫は激増してしまう。

昔の事務所は、課長の決裁箱にある書類を上司や関係部署に移動させるのは女子社員の仕事であった。ともすると、午前、午後の一回ずつやっていることがある。とすると、係長↓課長↓次長↓部長と回るのに、二日間かかることになる。持ち回りでやれば数時間で済む。この書類が、ときには数十億円の決済処理だったりするとその損失は大変大きい。運搬は多頻度でやらなければいけないことの例である。

38 段取り替え時間が安全在庫量を決める

あるプレスラインに高い負荷がかかっていたとする。

昼勤・夜勤の二交代制であったとすると一週間の稼働時間は一〇直分で八〇時間となる。一週間当たりの正味生産時間は七〇時間であったとすると段取り替えに使えるのは週に、一〇時間である。

今このプレスラインは五部品を生産しており、段取り替えに一回一時間かかったとすると週に一〇回しかできず、一部品当たり、週に二回しか生産ができなくなる。

ということは生産のロットサイズは〇・五週間分ということとなる。段取り替えの一時間が三〇分に変われば、生産ロットサイズは〇・二五週間分にできる計算になる。

実際には、五種類くらいの数の多さになると、品質不良、設備故障、平準化の乱れなどによって、後工程での使われ方に変化が出て来た場合、ある部品だけが多く使われ、〇・二五週間分ずつ生産していたのでは、欠品を起こしてしまう場合がある。

このときは急遽、前もって予定した順番の間に割り込ませて生産する必要が出てくる。

そのためにも、段取り替え時間は短いに越したことはない。

その昔、一回当たり数時間かかっていたプレス等の段取り替え時間は、諸先輩の努力と工夫によって一〇分以内でできるようになり、「一桁の分で……」という意味で「シングル段替え」と呼ばれていた。かつてはこれが段取り替え改善の目標になっていたものだが、一九八〇年代に入ると一〇分以内は常識で、多くの現場が五分以内となった。ここでは、五本指の片手という意味で「シングルハンド」とも言われている。

トヨタ方式では一個の製品を生産する速さの目標をタクトタイムと称しているが、通常の加工ラインではそのタクトタイム内で、段取り替えをすることが改善目標になってきている。

このように、欠品の恐れがあったら直ちに割り込んで生産できる体制ができていれば、安全在庫を思い切って減らす勇気が出てくるのである。

最近のプレスラインは、自動化が進み無人運転が可能になって来ている。そこでは、人の勤務時間内で段取り替えをし、昼休みや、定時以降も無人で所定数の生産をするので、一週間の正味生産時間は増え、冒頭の計算式から外れた運用をしている。

第五章　「改善」とは何か？

——狙いはお客様起点のＰＵＬＬ生産

◆第五章のポイント

①「改善」とは自己新記録への挑戦であり、神との対峙である。
②「改善」とは社員にとって生き甲斐であり、自己実現である。
③「改善」とは企業を俊敏に市場変化に対応できる筋肉質の体質にすることである。

お客様からご注文いただいた商品を、いかに速く、安く、高品質でつくれるかが、企業の目標。全社がベクトルを合わせて立ち向かうことが必要。

リードタイムを評価尺度に使うのがトヨタ方式。

39 企業は生き物、鍛えねば衰え、成長しなければ滅びる

人間の身体は、最近の研究では約三七兆個の細胞から成り立っているという。「新陳代謝」という言葉で表されているが、細胞一つひとつの寿命は数日から数年と、人間本体の寿命に比べはるかに短く、筋肉、骨、皮膚等、その細胞の種類によって寿命も違っているという。

生命体はすべからく、少ない栄養源の中でやりくりをして、最大の性能を発揮するようにプログラムされている。寿命の尽きた細胞に取って代わる新しい細胞は、単純な原状復帰ではなく、栄養源再分配の厳しい予算審査を経ているとのことで、使わないところには予算がつかず、どんどん分配される栄養の量が減らされ、使うところにはどんどん増やされるのだという。

そのため、運動選手は筋肉トレーニングをやり続け、身体の個々の筋肉に栄養をやり続けるように予算申請をしなければいけない。これが今の定説である。

宇宙飛行では無重力状態となり、人間の筋肉と骨にストレスがかからなくなる。そうなると、予算配分がなくなり、数週間で地球に戻ったときには立てないほど衰えてしまうと

いう。そのため、一日当たり数億円はかかると思われる高い宇宙滞在の貴重な時間を割いて、飛行士たちは懸命に筋トレに励むのだという。

このことは、企業組織にもそのまま当てはまる。ストレスがかかる職場に働いている人は活性化し、バリバリ仕事をこなす人に育っていく。ストレスがかかっていない職場では、人の能力は衰える一方だ、と言える。職場長であれ、社長であれ、組織を預かった人間は、常にその組織の能力を高いレベルに持っていく責任があるわけで、そのためには、部下への訓話だけではダメである。常にトレーニングをさせなければいけない。

企業そのものも、外部環境の変化に応じて自己変革を成し遂げていかなければ存続できない。

豊田自動織機という会社がある。豊田佐吉翁が織機をつくるためにつくった会社であるが、今は織機の売り上げは全体の数%で、主な製品はリフトカー（世界のトップ）や、自動車用部品であるという。

大学の友人が繊維会社と思って就職した「東レ」は、樹脂のみならず、医薬品から電子機器まで扱って名をなした。化学調味料で有名な「味の素」は、すっかり総合食品メーカーに変身した。

このように見事に変身を遂げた会社はいくらでもある。

市場は変化している。年々、その変化の速さは増している。企業はその変化する市場に後れを取っては存続が危うくなる。市場に先んじて変わっていけば、その先に光明がある。

そういう意味で、

「企業は生き物、鍛えねば衰え、成長しなければ滅びる」

は、企業の長たるものの心得と言えよう。

さて、成長には二つの種類がある。

一つはトップダウンによって一気にガラッと変わっていくやり方である。もう一つは毎日毎日、目に見えないくらいずつ確実に大きくなっていく類の成長である。前者は蟹の脱皮にたとえられるが、従業員からは業務に対しての提案や改善はほとんどなく、中央に言われた通りに業務をこなしていく、中央集権型である。

後者は魚の成長にたとえられている。各部位がそれぞれ毎日少しずつ成長していく。言ってみれば自律分散型である。

後者を弛まぬ改善（Continuous Improvement）と言い、トヨタ方式が目指している改善も、これである。

40 自社の目指す企業像を明確に描くこと

各社各様の固有技術、伝統の上に立って、しっかりしたものを持っている。しかし、本書の目的とする広い意味での「生産管理」の問題として見ると、上手と言えない方法で損をしている会社が外目には多く映る。

古くから商売のコツとして「入るを量って、出ずるを制す」というのがある。本来の意味は「収入を計算して、それに見合った支出を心がける」という意味だというが、巷間では「増収を計画し、支出を抑えれば金はたまる」という意味で使われている。後者の意味でいうとどこに行っても「コストダウン」「原価低減」と強調されており「出ずるを制す」ばかりなのが気になる。

出ずるを制すばかりではジリ貧となる。私はトヨタで、現場部門が長く、約三〇年にわたって原価改善をやってきたし、やらされてきた。

「原価改善」と、「原価低減」と意識して使い分けていた。前者はあるべきやり方でつくっていくように改善することであり、ムダなところを取り除いていくことを意味していた。必要に応じてもっとお金をかけることも含めていた。

「原価低減」という言葉は、ただ闇雲に安くすることを意味している。やるべきことをやらずに済ます手抜きと紙一重のことをいう。またの呼び方をプライスカットという。

筆者の長年の経験からすると原価低減は部下のあくまでも、自主的な目標として管理してやり、やったら褒めるべきである。ノルマとして目標を課し、できなかったら罰するというような管理にすると部下は「手抜き」に走りやすく、会社の存続を危うくする事態もあり得る。

昔と違い、今、製造現場にはいわゆる職人気質の人はいない。「こんなつくり方では危ない」、「恥ずかしくて客には売れない」といって身体を張って抵抗するような人はいない。「○○をやめよ……」と言えば「はい、分かりました……」とやめてしまう状況になりつつある。管理者の注意すべきところである。

そして企業としては、まず「入るを量る……」に努力すべきである。「入るを量る」とは値引きしなくとも高く買ってもらえるような商品をつくり出し供給することである。

本書の読者には、生産・物流部門の方が多いと思う。これらの部門にとっては、商品そのものは企画や技術部の問題であるが、それをどのようなサービスでお客様にお届けするかが取り組むべき問題である。

このサービスをトヨタ方式ではジャスト・イン・タイムの考え方で構築する。ジャスト・イン・タイムとは、豊田喜一郎氏のオリジナルで、少ない資金で大きな商売をすることを狙っている。

少ない資金とはすなわち、少ない在庫である。少ない在庫で各地のお客様にサービスするためには「速い物流」が必要条件となる。そのためにはリードタイムを短くする必要がある。

さて、客の立場ではどうか。高額な商品ほど、買う前に詳しく調べ、大体A社ならa、B社ならbと、いくつかの候補を決めて交渉に当たるだろう。自動車の場合はその傾向が顕著であるという。各社に行って、値引きや、納期の交渉になる。最後の詰めになると、納期がものを言うという。

少額商品であれば、ほとんど在庫販売となる。納期が短ければ、販売店の在庫負担が軽くなる。だから扱ってくれる店も増える。

以上のことを踏まえると、「トヨタ方式」の目から見た各企業の目指すべき改善目標は次の二項目になる。

[一] お客様からの注文に応えて納品するまでのリードタイム短縮

［二］　資材受け入れから、製造、販売、代金回収までのリードタイムの短縮
　　　　　　　　　　　　　　　　　　　　　　　　　　　↓お客様満足度の向上
　　　　　　　　　　　　　　　　　　　　　　　　　↓収益性の向上

となる。これが、各社の目指す企業像の、トヨタ方式の目から見た姿になるであろう。

41　全社統一の評価尺度が成功の決め手

会社全体の目標とする姿が明確になったら、それを全社の各部署に展開する必要がある。このとき、リードタイム短縮というのはトヨタ方式の本命とするテーマであるが、これはまた各部署の成果の単純な計算で求められ、誰にも分かりやすくてよい。従って各部署における目標も、

［一］（後工程からの）オーダーに応えて製品を送り出す時間（含む運搬時間）
［二］その工程における全在庫量（平均通過時間）

となる。

二〇〇五年度全国ＩＥ大会で、日産自動車は、トヨタ方式を含め、いろいろ勉強しながら真剣に「お客様を起点とした同期生産」というテーマを掲げ全社で取り組んでいるとい

う旨の報告があった。額面通り受け取ると、前節の［一］［二］と同じ意味になる。従来できないとされてきたことにも最新の技術を使い、今までの常識を破りたいとも言っていた。

同期生産は大変なテーマで実現は理論的には難しいが、私は「日産の6σ（シックスシグマ）活動」または「トヨタの上を行くジャスト・イン・タイム」という意味に使っていると思う。

近年工場見学したとき、日産は、どこの工場でも、「同期生産」「つなぎ改善」の二つのテーマをセットに改善に取り組み、同期生産では職場内の品質向上や故障撲滅をやっており、つなぎ改善では、工程間在庫の削減をやっていた。そしてその活動を工場にデカデカと貼りだしてあった。全社展開において、ゴーン流のTQMのすごさを感じた次第である。とにかく日産の追い上げは急である。トヨタは油断してはいけない。

42 営業・物流部門の改善

御社にトヨタ方式を導入するとき最大の難関は営業部門である。

納入先の購買部門は何せお客様なので無理も効かず、それをよいことに、自社営業部門も、頭の中を切り替えていない会社が多い。長年、そこにある考え方は、売り買いは一個でも一〇〇個でも一〇〇〇個でも手間は同じなので、「まとめて買えば安くなる」「まとめて売れば手間が助かる」という思い込みである。製造現場から来た人間にとっては、理解できないのが「大売り出し」である。

その日だけ飾り付けをやって、幟旗を立てて、そろいのハッピに捻りはちまきをして、大幅値下げをして売る。客のほうはそれを知っているから、普段は買わずにその日が来るのを待っている。そしてドッと客が来る。営業部門の人たちは「大売り出し大成功」と祝杯を挙げる。製造の立場から一例を挙げると、三月に大売り出しをやるとすると、二月は販売在庫確保のために、増産をかけ倉庫一杯貯め込む。大売り出しが終わった四月はガクンと生産が落ちる。これではたまらない。

一方物流部門には大型トラックで、満車にして運べば安くなるという信仰がある。そのために大きな出荷用倉庫を持っていたりするのである。

しかし現実には最終のお客様は一個ずつ買っていく。つくるほうも一個ずつつくっているのが普通である。

ここのところを、よく理解し合わなければいけない。

私はいくつかの会社でこの問題に直面した。このときは営業担当部署と得意先との売買の契約は二カ月分だった。相手の希望なので二カ月分の売買契約は仕方がないとしても、納品は先方だって大量の荷が入れば置き場所に困るだろう。こちらはつくれないで困る。売買契約は大口でも、納入は小口でできるように相手と相談するように頼んだ。

買ったほうは、まとめて大口にすることで値段を下げさせた手前、小口で納入しろとは言わずにいた様子である。会計上、倉庫費用は購買担当部署の責任にはならない。だから、あえて小口で納入させることもないわけだ。結果として、どうも私の考えた通りであったようで、小口納入ができるようになった。

運搬については、いろいろな業者がいるので、何でも自社で運ぶこともないし、知恵の出しようもある。大切なことは、全社としてのお届けのリードタイムの目標を達成することである。その目標を達成する中で、最も効率の良い物流をつくっていくという取り組みをする。そのためには、営業や運搬の単位を、小額商品はまず一週間単位に挑戦し、それができたら日単位に挑戦することが筋である。これにより、工場の完成品倉庫の在庫を減らすことが可能となる。

高額な商品なら一品ずつ受注生産できるような方向に向けて挑戦すべきである。

コンピュータのデル社は在庫販売が常識であった業界に注文生産を持ち込み、大成功した。デル・モデルとして同様な商売をする会社が多く現れているという。

この延長線上と思うが、世界中の名だたる自動車会社はどこも「注文をいただいて二週間以内に納品する」という目標を掲げて努力している。どの会社がいちばん乗りできるのか注目したい。

ちなみにトヨタ自動車は注文が入ってから四日目で完成車ができるように、製造部門は頑張っているが、販売店が月末に売上げ台数を見て、当月の目標台数を必達させるために、値引きをセールスマンに指示する。そのため成約は月末に集中してしまうため、四日目にできるという実力が活かされないままでいる。

43 工場の改善

トヨタ方式の改善は自動車工場に留まらず裾野を広げて来たが一九九〇年代に入ると急拡大され、代表的なものは、トヨタ生協、自動車ディーラー、電子機器メーカー、郵便局などがある。

工場においてもいろいろな側面から改善に取り組んでいる。ここでは、

（一）プロによる新手法の研究と中核人材研修

（二）生産開始前のコンカレント・エンジニアリング

（三）生産開始後の生産ラインの改善

の三項目に分けて説明する。

（一）プロによる新手法の研究と中核人材研修

現在量産している生産体制を見渡して、ネックとなっている工程や、工場や、ときには会社に出向いていき、現状を調査し改善し、グループが全体最適に回るようにすることを任務としている組織がある。

「生産調査部」という名称の、トヨタ方式のプロ集団である。このプロ集団はトヨタ自動車だけでなく、トヨタ関連企業すべてが持っている。

これら「生産調査部」の任務の一つは、非常事態における異常処置と鎮静化にある。その典型的な活躍例は、阪神大震災のときの阪神地区の工場建て直しやアイシン精機の火災時の対応、最近では東日本大震災におけるルネサス社復旧は有名。

「生産調査部」の構成は、大学院の講座に似ており、教授（部・次長級）・准教授（課長級）に相当するプロと、サプライヤーや各工場から研修目的で派遣され大学院生（課長・係長級）に相当するセミプロから構成されている。

普段はグループ各社のプロとセミプロが各社持ち回りの改善職場に集まり、そこで実地訓練を行っている。その活動は「トヨタ自主研」という名で呼ばれている。この活動は、プロにとっては「トヨタ方式自主研究会」である。

会場となった会社のプロがつくり上げた職場に入っていって、ゲストのプロがさらなる改善に挑戦し、新しい手法の開発などを行う場である。

セミプロにとっては「トヨタ方式自主研修会」となる。プロと一緒に改善することで、改善のＯＪＴ教育を受け、将来のプロを目指すわけである。

各社のプロはまた自社の各工場へ出向いていって、そこで「トヨタ方式工場自主研修会」をやる。

このようにして各社各工場のスタッフはトヨタ方式のＯＪＴ教育・訓練を受ける。これを自職場に持ち帰って展開する。このような仕組みになっているのだ。

(二)　生産開始前のコンカレント・エンジニアリング

つくるものが与えられ、設備も道具も与えられた後では、できる改善は知れている。当初は、「腕が良い」ということは、「どんな無理を言われてもやって見せる」ことにあるとしていた。しかし改善のニーズが高まるに従って、そんなことも言っていられなくなった。どんどん前工程に文句を言っていき、知恵を与えつくりやすいものにしていくシステムをつくり上げてきた。この活動は一九六九年二代目カローラから始まった。
以下、私が多く携わってきた車両組み立て工程についてお話しする。

①デザイン検討時

自動車のデザインは、デザイナーのイメージスケッチから始まる。イメージが固まってくると、今度は五分の一モデル（粘土）をつくる。これをいくつもつくってデザインコンペをする。役員の審査を経て一つのモデルに絞り込む。そうして実物大モデルをつくる。このときから現場の参加が始まるのだ。

昔はプレス型はどうつくる、プレスで絞れるかどうか、この形だとプレス工程が増えて生産性が落ちるから、ここのところをもう少しなだらかにしてくれ……など、車体のつくり方が主体であった。

最近の乗用車は、「面一化」といっているが、高速走行時に風切音がしないように凹凸の少ない滑らか曲面で仕上がっている。そのため、鉄板でできた車体に完成車組立工程で取り付けるランプ、ラジエーターグリル、ウインドガラス、バンパーなどが一ミリ以内の精度で取り付かなければいけないことになる。

車体のドアとフェンダーの関係であれば鉄板同士なので、加工精度を向上させれば問題は片づく。バンパーはエネルギー吸収するために柔らかいゴム系の樹脂となり、鉄板とは熱膨張係数が違う。組み立て時の気温によって寸法差が出てしまう。多少の寸法差があっても目立たなくするには、デザインでどう工夫すればよいのか……。

組み立て関係者も、デザイン・車体・樹脂加工等々各部署等とともに、細部の形状を決めていくことになる。ヘッドランプはすっかり大きくなった。昔はフェンダーの壁とフードの屋根に囲まれた下でランプは光ってさえいればよかったが、空力抵抗を減らすために、大きな、なだらかな曲面をフード、ヘッドランプ、フェンダーが分け合うような形になってきた。それぞれをどう精度を出して取り付けるのか、ヘッドライトが切れたときは、どうやって手直しするか、組み立ての順番から見ると最後にランプを取り付けるべきではないか……などを詰めていく。

このように、車両の表面の問題を粘土モデルのうちに考え、デザインを一部修正し、その後、各設計が具体的に各部品を設計していく。こうして、美しく組み付けやすいデザインが完成するのだ。

②設計時の改善

取り付ける各部品の設計に入っていくとき、量産工場の組み立て関係者は、何を基準にして、どんな方法で取り付けるかのチェックをする。このとき、生産技術革新にあたるような大きな統一テーマを決めて進める。

初代カローラの組み立てをラインでの最大のネックは、軍手をはめた手でボルトに、スプリングワッシャーと平ワッシャーを一つひとつ差し込んで、そのボルトを使って部品を取り付けている姿だった。しかも、ボルトは一台あたり数百本使っていた。

そこで二代目カローラでは「ボルトはセムス、ナットはケプス」といったスローガンを掲げ、「ワッシャー付きボルト」や「ワッシャー付きナット」を普及させ、工数低減を図った。また「ワンタッチ化」と称して、取り付けの簡素化を図った。これは従来ビスで締め付けていたものを、クリップでパチンと取り付けたりしたのだ。

セムスボルトの大量使用でライン作業は様変わりをした。しかし、二代目カローラでは接着剤が多用されていた。

接着剤を使用する時間がたとえ一〇秒でも、三〇秒間は溶剤を吸うことになる。一分タクトの作業では半日間溶剤を吸い続けることになった。防毒マスクは息ぐるしくて使えなかった。

それで三代目カローラでは、「無溶剤化」というテーマで取り組んだ。組み立てラインから接着剤を含む有機溶剤を追放した。

また一層の高レベルの品質保証が求められ、組み立てで品質が確保できるように、設計の中に組み付け基準を入れるキャンペーンを張った。

一つの例を取れば、ラジエーターホースは捻れて取り付けたり差し込みすぎたりすると走行時に潰れてしまい、オーバーヒートのもとになる。こういうことのないように正規位置を示すマークを入れ、相手のマークと合わせることで、誰でも短時間に正確な仕事ができるよう設計図面に織り込んだ。などなどである。

このように設計にまつわる改善事項をねばり強く押し込むことが大事である。量産に移ってから、手の動き、足の動きを云々してもカバーできるものではないのだ。

ちなみに、二一世紀になってもホースの捻れ対策をしていないメーカーも実在する。

私がこの組み立て工程の作業性の問題を設計にフィードバックする活動を始めたと前に述べたが、その頃はちょうど、トヨタ生産方式が発祥の地である、機械工場から車両組立工場に展開され始めた時期でもあった。通称「デブさん」と呼ばれた鈴村喜久男氏は大野耐一氏の命をうけて、トヨタ生産方式の普及拡大をやっていたため、よく高岡工場に来ては「田中はどこにおる……」と言って探していたという。

当時、私はトヨタ生産方式が大嫌いだった。当時は組み立てに対する手法のないままに、大野氏の命をうけ、改善をやろうとしていろいろ試みたが、ことごとに失敗していたからである。だから「今はトヨタ式をやるより、組み付けやすい設計にすることのほうがトヨタのためになる」と信じ懸命に取り組んでいたのだった。

③工場のレイアウト設計―1

車両を組み立てるラインというのはコンベアー上に一〇〇台から二〇〇台の車が並び、これにボルト・ナットを入れて約二〇〇〇点の部品を組み付けていくというものであった。約二〇〇〇点の部品をいきなりライン上の車両に組み付けるわけにはいかない。ラジオであれば、車両に組み付ける前に、小さな金具を取り付けてから車に持っていって組み付けるというステップをとっていた。メインラインの横にセル方式のサブラインが多数あると思えばよい。このサブラインをもっと増やし、サブ組立部品にしてから車両に取り付ける、という考え方が出てきた。

折も折、鉄板でできていたインストルメントパネル（計器盤＝通称インパネ）は車の衝突時に丈夫過ぎて乗客を傷つける恐れがあるので、大型樹脂製品にして組立工場で取り付ける設計になった。組み立てで取り付けるのであれば、サブラインでラジオやメーターを半完成品にしてから車両に組み付けよう、という話が持ち上がった。後のモジュール化の先駆であった。インパネを車に取り付けてからだと作業姿勢が悪く、組み立て工程のネックになっているから……という理由で、「カローラチーム」と「一年先行するコロナチーム」が協力して設計を口説き落とした。別組み付けしたインパネを車両本体に取り付けるためには、インパネ配線と車両本体の配線をつなぐ、大きなコネクターが必要になる。このコネクターが一台分あたり数百円もしたという記憶がある、これは設計単価としては大変な高額なものだ。

三代目カローラの開発責任者は佐々木紫郎主査、揚妻文夫主担当員だった。製造現場の要望を汲んでよく決断してくれたと感謝した。

カローラより一年先行する四代目コロナは、堤工場に第二組み立てラインを新設して生産することになっていた。

いよいよ立ち上げるとき、私も見に行って驚いた。長いコンベアーラインと分岐合流がいくつかあるライン。過剰な自動化設備……。組み立て担当の私でさえも、「これはやりすぎでは……」と思った。案の定、設備停止が多発し、決して順調な立ち上がりではなかった。

まもなく大野耐一氏(当時副社長)が見に来た。噂によると最大級のカミナリを数発落としていったという。その中の一つが何とインパネのサブライン化であった。

堤工場の担当者の話だと、叱られた点は要約すると次の二つであったという。

【その一】原則として一〇人以下のサブラインはつくってはいけない。台数が増減したとき追従できないからだ。どうしてもつくるのであれば、**最後の工程はメインラインとの仕事のやり取りができるようにすること。**

【その二】メインラインと逆の方向にサブラインが流れている。これだと、生産指示をメインラインと別ルートで出さなければいけなくなる。その結果、メインラインと違う速さで動くようになり、在庫が溜まる。というものであったという。これは当然の指導である。堤工場としては即座にサブラインを廃棄し、昔のようにメインラインで組み付けるということになった。

その余波が高岡工場に来た。高岡で私の準備していたラインには大野副社長の指導内容は折り込んであった。だから高岡は計画通りやろう……と上司たちを説得したがダメだった。

「あつものに懲りてナマスを吹く」であった。無理して取り付けてもらった一台あたり数百円のコネクターは使われず二年経ち、マイナーチェンジで廃止された。

以後一〇年間、大野耐一氏がトヨタを去った後もインパネをサブラインで組み付ける話は見送られ続けた。インパネのサブライン化に踏み切ったのは、このエピソードに関係しなかった元町工場のクラウンのラインであった。これを皮切りに、全ラインがインパネのサブライン化に転じていった。

「ナマスを吹いた」ことはさて置き、当時の大野副社長のカミナリのポイントは全て的を射たものであった。その後もサブラインについての、**【その一】【その二】**のルールは守られている。

トヨタ方式は未知への挑戦である。多くはこの例のように、紆余曲折を経て更新されていったのだ。

このエピソードには続きがある。

一九九〇年代の初め、米国の自動車部品メーカーであるTRW社が自社のラック・アンド・ピニオンに他社のサスペンションメンバー、ロアアームを組み付けてフロント・サスペンションアッセンブリーというユニットにして、ローバー社の組み付け順序に合わせて順序供給を始めた。

これが「モジュール方式」という新しい方式の幕開けであるとされている。その後、世界中に広がり、今では自動車製造の常識となっている。

これはまさにインパネをサブラインで組み付けようという考え方の延長線上にある。現在ではドアやガソリンタンク、ラジエーター×ヘッドランプまわり、フロントサスペンシ

図-15　モジュール化の例

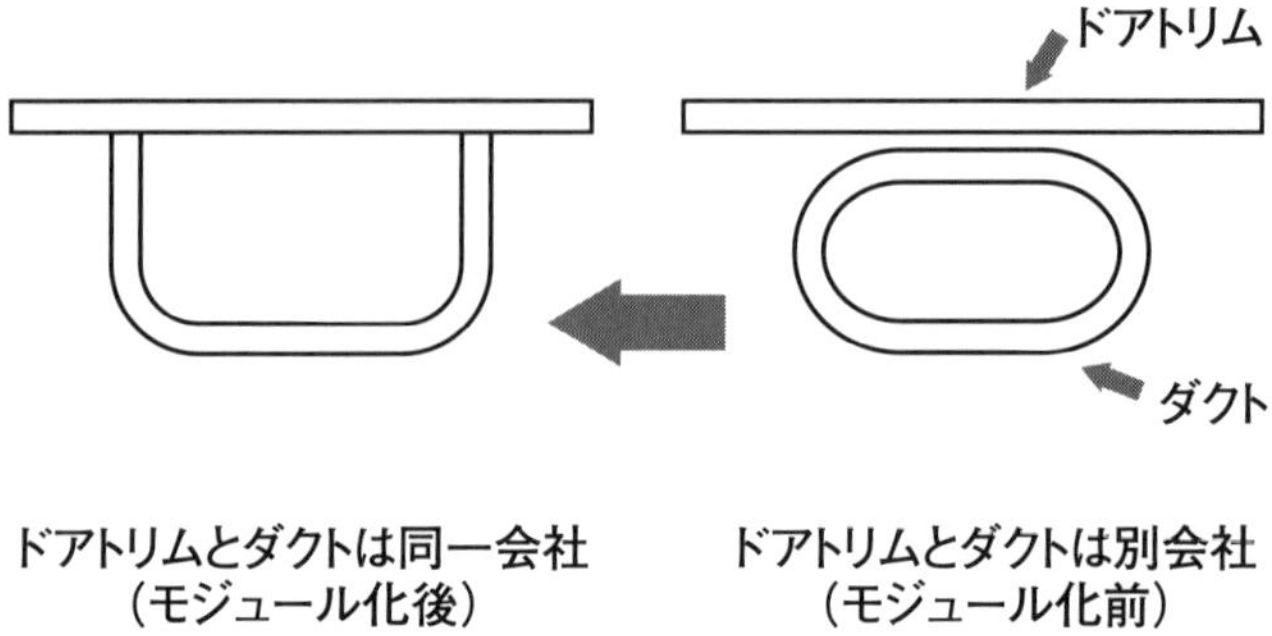

ヨンなどなど、ライン外でサブ組み付けしたものをメインラインで組み付ける動きになっている。そして、サブライン化やモジュール化のほうが、組み立てラインの全長を短くでき、製造リードタイムの短縮になる、工数低減になる、品質保証がやりやすい、棚卸し在庫が減る、などいいことずくめで、自動車各社が競ってモジュール化を推進したのだった。

今にして思えば、インパネ事件とそのときの対応がトヨタの組み立ての進歩をモジュール化という面では一五年間ほど凍結させてしまった。モジュール化というのは、組み付け方だけの問題ではない。機能単位で設計していたものを部位別、ブロック別に設計することを意味しているのである。

図‐15を見てほしい。従来はドアトリム（内張）は内装設計、ダクトは艤装設計という分担であった。だから別々に設計した。「ドア設計」という分担になれば、双方を一体でつくるという方向で知恵が浮かぶ。

サプライヤーも、設計担当別に割り振られていたため、今の例で言えば、ダクトはエアコン専門のA社、ドアトリムは内装専門のB社という担当になり、AB両社が協力する場面はなかった。設計が変われば業者も変わる。うまい知恵が出てきてコストが下がるのだ。

納入部品の数が減るからスペースが空く。部品の数が減るから組み立てラインが短くなる。組み立てのラインが短くなれば製造のリードタイムが減る。良いことずくめである。

④レイアウト設計―2

話を本題に戻す。

組み立てラインで取り付ける部品のうち、ガラス、バンパー、シート、インパネ、ガソリンタンク、サスペンションなどは大変に大きな部品である。これらの部品を組み付ける場所まで運ぶことも、また、保管することも大変な仕事となる。それゆえ、前もってしっかり考えておくことが必要となる。

先に組み立てラインは一〇〇台から二〇〇台の車がコンベアー上にならんでいると述べたが、ラインは長いため工場内ではコンベアーがUターンを繰り返す。この繰り返すところがミソで、このUターンのところで大物部品を取り付けると、部品の保管と運搬が大変楽になる。

このように熟慮の末に各組立工場のレイアウトは成り立っている。時代とともに車型数が増加し、組立工場で他工場の車型も含め、いわゆる混流生産の必要が出て来た。一九九〇年代に入ると、全乗用車の部品組付順序が標準化され、先に述べた「完結工程」運動とともに全社に展開され基本レイアウトのみならず、どの車型が流れても「組付工数差」を無視すれば「同一部品同一工程」が可能になった。

⑤工程編成

試作車の組付作業性検討時に、今の組立ラインでの組付順序表をもって行き、この順番表をもって試作車を組み付け、作業時間を含めその順番通りにできるように設計アクションを取る流れになる。

既存のラインで今、Aという車が流れている中に新しくBという車を入れるときは、A車の工程編成表をもってB車の試作組み付けを行い、作業時間を含めて可否を確認する。

こうすることによってA車とB車を同じ工程で組み付ける工夫ができる。B車が特徴のある車でA車の順番で組めないときは、A車をB車に合わせ、今の量産しているラインの工程変更を事前にやってしまえばよい。

私が音頭をとってやっていた頃の立ち上がり最短記録は、カローラ・ラインにコルサの新型車を入れて五日目に計画通りの生産量を出したことがある。これはトヨタでも新記録であった。そのラインの部長以下全員の努力の賜である。まさに垂直立ち上げであった。

こうした、新車立ち上げの準備要員は、各職場で選抜された精鋭部隊であった。彼らは、元の職場で組み立てていた車のモデルが古くなり減産になった際、台数に見合った人員で生産するためにラインの外に出た人たちである。

「人を抜くときは上から(優秀な人から)抜け……」の考えを実践するからこんなことができる。下から抜いたらこんな芸当はできない。その後この人たちの一部は海外工場を指導に行くのだ。これらの経験を積んで、彼らは現場を指揮する職長になりやがて課長になり部下を育成していくのである。

(三) 日常の生産現場における全員参加の改善活動

世間に知れ渡っている「改善」はこの活動の日常の改善活動の一部が伝わったものと思

う。ここではムダを見つけて改善という面はある。しかしいちばんやらなければいけない改善は、安全の確保と、完璧な品質のつくり込みと設備停止時間の低減である。これらが完全にできるようになって初めて一人前の会社として、世の中を渡っていけるのだ。

一般的な改善については今まで述べてきた。ここではラインが立ち上がって以降の改善を、自動車製造のモデルライフに従って説明する。

①増産時の改善活動

増産時の改善はやさしい。目標タクトに対してサイクルタイム（実作業時間）をアップしていくだけだからである。

ここで読者の誤解を解きたい。組み立てラインのようなコンベアー作業では、コンベアースピードと作業スピードの関係が管理の中心となる。

ＩＥ（インダストリアル・エンジニアリング）にたずさわる人の中には、レイティングといって作業動作の速さを改善することを重視する考えの人がいる。トヨタ方式で行うのは動作そのものの改善であって、速さについては本人のやりやすい速さでやることと徹底している。

さて、作業者に手待ちがあると、その手待ち時間分立ち止まって待っていることができなくて、つい次の車のところまで歩いていって仕事をしてしまう。繰り返すうちに三メートルも先に行って仕事をしていたりする。三メートル余分に歩くということは、往復で六メートル余分に歩いていることになり、これは約六秒に相当する。一分サイクルの作業としては一〇％手待ちがあることとなのだ。

　このようなことを顕在化するためには工程に仕掛けがしてあり、それは「定位置停止」という名で呼ばれている。

　要点を説明すると、

①ライン上の車のピッチに合わせて約六メートル間隔で作業範囲を決めてある。

　この範囲の終わりには「定位置停止線」が設定されており、頭上に設置されて

図-16　ライン作業の定位置停止

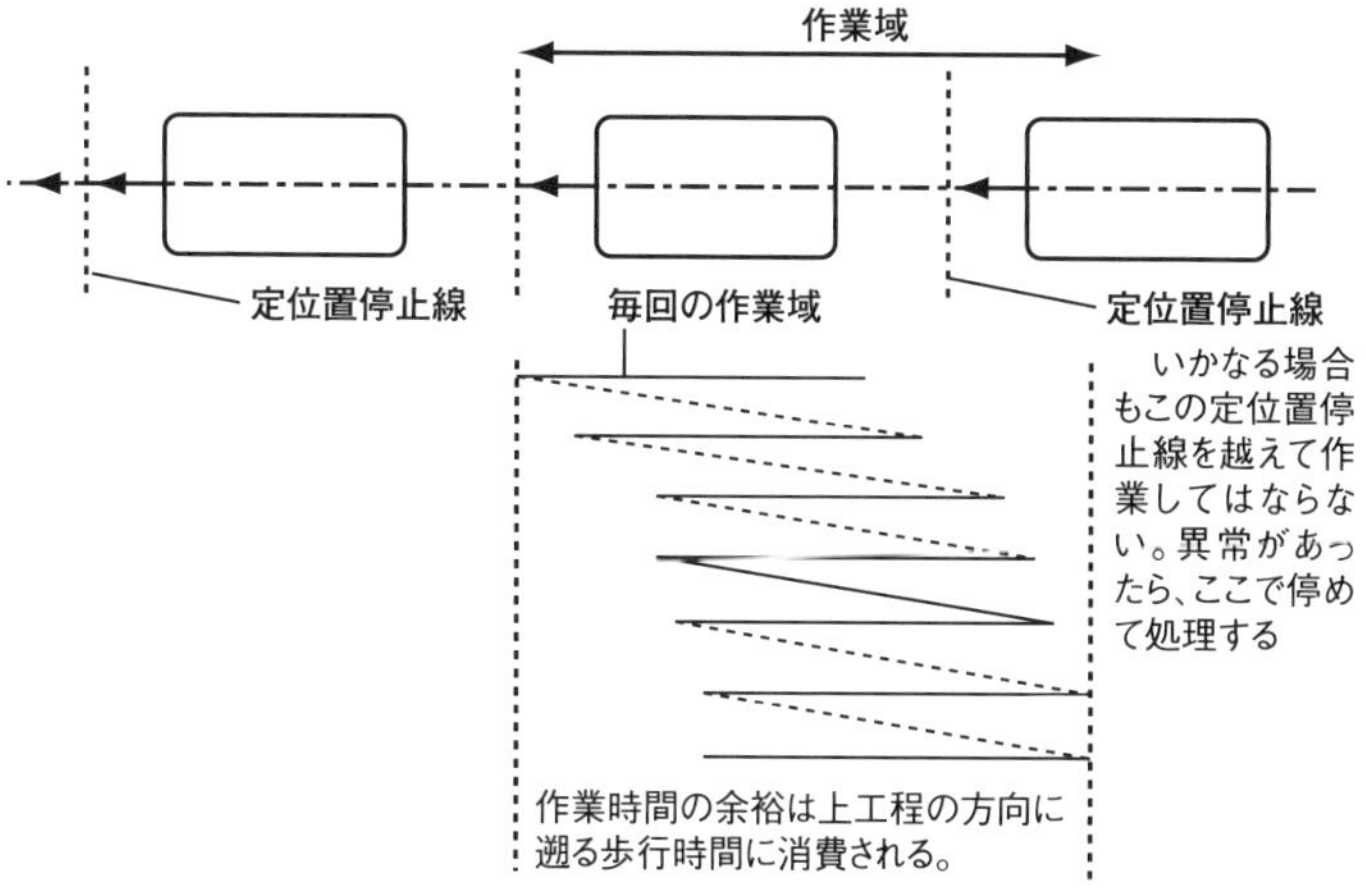
作業域
定位置停止線
毎回の作業域
定位置停止線
いかなる場合もこの定位置停止線を越えて作業してはならない。異常があったら、ここで停めて処理する
作業時間の余裕は上工程の方向に遡る歩行時間に消費される。

いるひもスイッチを引くとこの位置でラインが停まる仕掛けになっている。
②作業者全員に、「作業が遅れる……」「おかしい……」と思ったら上部にあるひもスイッチを引いて知らせることが義務づけられている。そして、作業者が解除することは禁じられている。

ひもスイッチを引くと表示盤が点灯し、音楽でリーダーに知らせる（最近は携帯電話を持っているようであるが……）。知らせを受けると直ちにリーダーが来て、作業者から事情を聞き対処する。定位置停止線までに解決できなければ自動的にラインは止まる。リーダーはそこで適切な処置をして解除スイッチを引いてラインを復帰させる。

作業遅れに対しては、車によって作業量はどうしてもバラツキがあるので、前方に二から三メートル出ていてもよいとしてある。こういう仕掛けがあるから、数％のストレッチ目標に挑戦できるのだ。数％多いのだから遅れて当然、遅れたらひもで知らせる。もし、作業方法の改善ができれば、遅れて呼ぶ回数が減る。改善効果が本人にもリーダーにも分かる。分かれば共に喜び合い、さらなる工夫への意欲が増してくる。作業が単調でなく、「もっと良い方法は……」と工夫し、楽しみながらできるようになる。

組み立てライン全体のライン停止率は六％から三％の間が良いとされている。二％台になると手待ちの人が出てくる。六％以上だと作業のリズムが狂って、工程が不安定になる。

このような前提で、増産時には現状の実力をベースにして三〇分残業で計画台数を生産できるように少なめの要員を確保する。その要員で工程を組み立ち上げる。そしてコンベアースピードはストレッチ目標である定時に設定する。当初のライン停止率は計算上は六%強となる。

実際は残業は三〇分刻みであったとすると、最初の週は定時の日なし。次の週は定時の日二日。三週目は定時の日三日と目に見えて改善が進んでいくのが、全員に分かる。工程間の改善競争が盛んになる。増産時の改善はこのようにして進めていった。

順調に改善を進めるための秘策がある。それは「改善はやらなければいけないのだ」と覚悟を決めることである。覚悟を決めたら後はタイミングの問題となる。一〇月までに五人分減らさなくてはいけないとする。課長のリーダーシップで五月に実施すれば、五月から一〇月までその五人は課長の「ポケットマネー」とすることができる。この五人を改善要員として次の改善に取り組むのである。このように課長はリーダーシップを発揮し先手先手に自分たちのペースで改善を進めることが肝要である。

②減産時の改善活動

増産時は応援者を受け入れての挑戦であるが、減産時は部下を他部署に応援に出しての挑戦になる。後は増産時と同じとなるが、減産時はいくつか困難なことが起きる。
a. 人員の減少とともに、優秀な部下も減る。課長の仕事がきつくなる
b. 一人当たりの作業時間が増える分だけ覚えるのに時間がかかる
c. 作業ピッチ内に部品が置き切れない
d. 工程内在庫量が相対的に増えてしまう
など減産固有の問題が出てくる。
cとdはライン上のボディを半分にし、二ピッチ分ずつ作業することで、解決を図ったこともある。

44 「ワイン」と「日本酒」の違い

日本人は昔から、仕事の中で達成感を感じてきた。戦後の高度経済成長も、日本人が挑戦することに生き甲斐を感じていたから、世界に類のない発展が成し遂げられたのだ。

日本人は古来より概して多神教であった。鍛冶屋が仕事をするのは、火の神との対峙である。百姓はお天道様との対峙である。だから仕事そのものに価値がある。仕事の中に生きる道があり、人生の目標がある。

旧約聖書由来の宗教（ユダヤ教、キリスト教、イスラム教）を信じている人たちは、違った考え方をする。「神はエデンの園をつくり、そこに人間をつくって置いた。禁断の木の実を食べたことで神の怒りを買い、エデンの園を追放され、生きるための労働を罰として与えられた……」と聖書は教えているという。

彼らにとっては働くということは、罰を甘んじて受けることで、少ないほど良く、軽いほど良い。お金が貯まったらエデンの園に帰りたいと思うらしい。

労働自体に価値はなく、いかに優雅な生活を送るかに人生のすべてを賭けていた。牛馬を使い、奴隷を使い、植民地を経営し、いかに汗を流さずに手を汚さずに暮らすか知恵を絞り、策略を練ってきたという……。

他人にものをつくらせて、それを使って生活することになるから、検査法はしっかりしている。「品質は検査が保証する」という思想が定着しているという。一つの典型的な例が、ワインづくりと日本酒づくりの違いである。

ワインづくりは、畑から葡萄を採ってくるところから始まる。ワインの原料は葡萄の糖分と葡萄の皮に着いた土着の酵母なので葡萄はを洗わずそのまま器に移し、男たちが素足で踏みつけ潰す。潰したら樽に入れて自然発酵させる。発酵させたらソムリエたちが味を見分けてランク付けする。それが「〇〇の何年もの」という評価になるのだという。

これに対して日本酒は原料となる酒米の選定から始まる。品質を確認した米を、四〇％から六〇％削ってその芯だけを使う。日本酒はお米のデンプンを麹菌を使って甘酒に変えながら、甘酒を酵母で酒に変えるという軽業をやるのだ。まず米麹と蒸し米で伝統の技法を使って「酒母」をつくり、これに蒸し米と水を慎重に加えていき「もろみ」をつくる。これを低温発酵させてお酒ができるという。

失敗すれば、会社は倒産しかねないリスクを負っての真剣勝負である酒づくりは、「俗」のままではできない。酒蔵を清め、しめ縄を張り、杜氏を中心にした職人集団全員が精進潔斎して、全身全霊を込めての酒の神との対峙という姿勢でもろみを監視し条件を管理する中から良い酒は生まれるという。その結果、毎年同じ味を醸し出され、「酒の通」は新酒の利き酒で銘柄を当てることができる。これが日本のものづくりの原点の一つであろう。

この違いをトヨタ方式の言い回しで表現すれば、

「ワインは成り行きまかせでつくって置いて検査ではねる生産」

「日本酒は品質を工程の中でつくり込む生産」

となる。トヨタ方式は日本酒づくりと同じ道を行く。

ちなみに、ＩＳＯ９０００シリーズの品質管理監査は制定に当たり日本が参加しなかったので「ワイン」の思想である。日本に定着するに従って日本酒的な味を加えて来ていると聞く。

45 「目的は何か？」と問うことが「改善」につながる

「ムダ」を見つけることが改善の目的ではない。今、自分たちは何をしようとしているのか、今やっていることの目的は何かを必死になって考えることが必要である。

社内でボールペン一本買うのに馬鹿馬鹿しい手続きが要るとか、ファクシミリのトナーを注文するのにいくつも判子が要るとか、必要以上の手続きを、旧態然としている会社がある。以前、富士通の社長がオフィスワークの合理化の話をしていた。子供が生まれたときに会社に届け出る書類が一三種類あったそうだ。しかも全部に上司の判子が要る。「上司に断って子供をつくったわけではないのに、なぜそんなに書類が要るか？」と言っていた。

そこに何ら疑問を持たなければ、一三種類の書類をいかに速く、簡潔に書くかが問題となる。時間がかかるのがムダだと思いこみ、速く書く方法に走る。

しかし、少し頭を働かせれば、なぜ一三種類も書類が必要なのか疑問に思うはずである。ここに目をつけると、本当は一通あれば十分のはず。「一二通がムダ」である。

今まで「出生届け」を書いた社員の多数は一通にしようと挑戦したに違いない。減っていないということは、減らすと飯が食えなくなる人が一三人いるに違いない。するとこれは「出生届の問題」ではない。事務所の業務分担の問題である。事務員の数が多過ぎるのが問題となる。それを放置していた管理者の問題でもある。

このように、本当の問題は何かを突き止めていかねばいけないのだ。ちなみに富士通はイントラネットの整備と事務員の大幅削減をやったそうだ。

大事なことは、本当の目的は何なのかを考える癖をつけさせることである。

46 「ムダ」と「むだ」の違いとは何か?

トヨタ方式では「無駄」の考え方を整理し、「ムダ」と「むだ」の二つに分け区別する。今の知恵でなくすことができるもの、それがカタカナの「ムダ」である。現在の知恵で「改善」が難しいもの、それが、ひらがなの「むだ」である。

大事なことは「目的は何か?」である。たとえば、お茶を飲む場合、「飲むこと」を目的とすれば、「湯のみに口を当てお茶を飲む」ことが目的で、湯のみを上げたり、下げたりの動作は目的から外れている。もっとも、茶道で時間と作法を味わいたいというのであれば、これが目的かもしれないのだが。

とりあえずお茶が飲みたい場合は、ただ単純に飲めばいいわけで、腕を上げ下げする行為は合目的的ではない。しかし、その行為はなくそうと思ってなくせるものではなく、この動作は「むだ」である。

コーヒーなどのカップを持つにはマナーがあって、給仕する人は、取手が左側になるように置く。大概の人は右手で持つが、ほとんどの場合、左側に取手が来るように置いてある。とにかく一度、カップをグルッと回すようになっている。スプーンを使うためのサービスなのだろうが、ストレートで飲む人にとっては、最初から取手を右にしてあったほうがいい。ジュースだったら最初からコップにストローを差しておけばいいではないか。そう考えると、このマナーはストレート派にとっては、「ムダ」ということになる。

47 日ごろから「ムダ」を省くトレーニングを重ねる

トヨタ方式では、七つの「ムダ」をあげている。それは、

①つくりすぎのムダ
②手持ちのムダ

③運搬のムダ
④加工そのもののムダ
⑤在庫のムダ
⑥動作のムダ
⑦不良品をつくるムダ

先輩がある席で大野耐一氏に「むだはいくつありますか？」と尋ねたとき、「無くて七癖という……」とポツリとつぶやいたと言う。それを聞いた事務方が、右の①〜⑦を教科書に書いた……。と裏話をしていた。


大野耐一氏の生の言葉は、「今がいいと思うな」である。

「今はいちばん程度のまずいことをやっていると思え」

「世の中には絶対にもっと良い方法があると思え」

と言い続けた。


要するに「ムダ排除」とは「現状否定」である。一般社員には細かいことを言っても始まらないので①〜⑦までの「七つのムダ」で説くのがよい。しかし、管理者にとっては「作りすぎのムダ」が最重要課題である。これにより、貴重な会社の資金を浪費し、市場変動への追随性を鈍らせ、組織として内在する課題を覆い隠してしまうからである。

経営者にとってムダ排除とは自社の組織体制をあたかも盆栽の枝ぶりを見るように大所高所から見直し、余分な枝（組織）を見つけ、剪定することである。

ムダ排除とは「現状否定」である。社内全員が自分の職位に見合った対象物を取り上げ、その存在理由（目的）は何かを問い、目的が分かったら、その目的に対して、今のやり方が合っているのか（合目的的）を問う。こういうトレーニングを重ねて行かなければならない。

誰にでも理解できる事例を紹介しよう。

東海道新幹線の東京駅改札口では、開通以来今日までつねに数名の駅員が声を涸らして「乗車券をお取り下さい」と言い続けている。

この改札口では「乗車券」と「特急券」を入れると

①扉が開き

②「乗車券」が顔を出し

③客は「乗車券」を引き抜いて

④改札機を通り抜ける

このとき客は「乗車券」を引き抜くのを忘れトラブルになる場合が続発しているので、駅員が声を涸らしているのである。

なぜ乗客は「乗車券」を抜き取り忘れるのだろうか？

それは「乗車券」と「特急券」を入れたら直ちに扉が開くからそのまま出ていってしまうのだ。

では順序を変えて、「乗車券」と「特急券」を入れても扉は閉じたままにしておいて「乗車券」を引き抜いたら、そのとき初めて扉が開くようにすれば良いのではないか。当然考えることである。

現に中国の新幹線では降車側の改札口でも「乗車券」を引き抜くとやっと扉が開くようになっていて、何の問題も起きていない。では何故、東京駅の新幹線出口では、ここ数十年間、いつも数名の駅員が声を涸らし続けているのか？？？

駅員が余っているのでここに仕事をつくっているのか？

改善提案を受け入れる組織風土がないのか？

東海道新幹線（JR東海）と東京駅（JR東日本）という組織の壁があり、何も変えられないのか……。

これは「ムダ」を省くトレーニングの「格好」のテーマなので、自社だったら貴君はどうするか、お考えいただきたい。

伝票は何のためにあるの？

判子を大勢の人が押すとどんないいことがあるの？

無意味なルールがやたらと多い。

恐ろしいのは、最初はたまたま一つのやり方を選んだだけなのに、それが慣習になってしまうことだ。誰もが疑問に思いながら、「そういうしきたりだから」の一言で変わることなく半永久的に続いてしまう。

こんな話がある。私の友人がめでたく社長に就任した。社長は公用車が与えられる。楽しみにしていたら、車はクラウンのスーパーデラックスだったという。今や時代が移り、クラウンの中でスーパーデラックスは最も下のレベルで、タクシー仕様でもある。

歴史をさかのぼると、ある時期、当時の庶務課長が社長には一番いい車にしようとスーパーデラックスに決めた。そのうち社長の車といえばトヨタのクラウン、しかもスーパーデラックスという歴史ができてしまう。不文律になってしまって、変えるに変えられない。

社長が直々に変えてくれと頼んでも、「会社の決まりですから」であっさり拒否される。友人は、庶務課長にかけあって、ようやくオプションでカーナビをつけてもらったそうである。

読者の身の回りにも類似の話があるのではと懸念する。

48 人工《にんく》は整数。小数はない

作業する人には「定時」まで働くか、「定時プラス残業」しかない。ここを間違える人が実に多い。

具体的な間違いを言うと、「一日一〇〇個の商品をつくるのに必要とする人数は五・三人である」という。だから一個あたりの原価は……と計算することである。現場には五・三人という人数はいない。五人か六人である。

現場から言えば、

「今の現場の実力は、五人で一日九〇個までできる。六人なら一二〇個までできる」ということである。言い換えると、六人なら「九〇個から一二〇個」できるということで、こうなると一個あたりの原価の考え方が根本的に違ってくる。

従って現状の会計学はこの点が間違っていると私は考える。さらに先がある。

ある分量の仕事までは一人でできる。そこから先は一人ではできないから二人雇うことになる。そのまた先は三人、四人……となっていく。

よほどの改善をして、こまめに応受援のできる仕組みをつくらない限り、一・二人とか、五・三人というのは難しく、二人とか六人になってしまっている。普通に考えてしまうが、現実はそうはいかない。

現場をさんざん改善して、その結果五人がフルの作業をしており、〇・三人分をもう一人がやるという形の六人体制で回している。これが長いこと続き未来永劫このままでいきそうであれば、〇・三人を減らす自働機を入れることも検討に値する。自働機を入れれば六人だったのが五人になるからだ。

ところが、見かけが同じ六人体制でも、フルでない工程が〇・八人分の仕事であればそこに〇・三人分の自働機を入れても人は抜けず、フルでない工程の中身が〇・五人分に減っただけで、同じ六人のままとなる。全然メリットはない。そんなところに自働機を入れてもお金がかかり、保全要員が必要になるだけである。

ここのところを理解してほしい。

「トヨタ方式」では、先ほどの五・三人分の仕事をするときにはあえて五人でやってもらう。〇・三人分は「六％の改善目標」とする。六人目の人には改善とリリーフの要員として活躍してもらい、力を合わせ改善を進め、五人で楽に仕事ができるように持っていく。端数は改善目標である。そうすることで作業員の能力が向上していく。それは将来に対する投資でもある。

この〇・三人工に自働機を入れる選択肢もある。しかし自働機を入れた場合その時点では良くても、増産が来て五・五人工になったときに元の木阿弥になってしまう。

人は「汎用機」だが、機械は専用機である。実質一人工分抜けるような自働機はまずあり得ない。抜けたとしても〇・三人工である。やみくもに機械を入れてしまっては、それこそ「ムダ」になる。だから、できるだけ人でやりくりすべきなのである。

49 現場は常に「問題点」を顕在化しておく

このように「人工は整数」という概念から社会を見渡してみると非常に面白い。

たとえば、事務所だって一部屋借りるか、二部屋を借りるか、それとも三部屋を借りるか。工場だって一つの工場で間に合わなくなったら二つめの工場をつくるか、三つにするか。

そうやって見ていくと、ドンピシャリはあり得なくて、いつも不足か余っているかのどちらかである。

不足しているときは、その不足分だけ「改善」しようとするから良いが、余っている状態だとつい見逃してしまう。実は能力が余っているのがいちばん良くないわけで、能力が余っていると、余っている状態が当たり前になってしまう。

一〇〇メートルを一一秒で走れる選手が普段の練習で、余裕を持って一五秒で走っていると、いつの間にか一〇〇メートルを一一秒で走れなくなってしまう。一〇〇メートルを一一秒で走る人は一一秒を切るつもりで走り続けないと、実力を維持できない。

働くときは目一杯動いて仕事がなくなればぴたっと止める。止まっている状態が、トヨタ方式では、「手待ちがある（余力がある）状態を顕在化」していることを意味しているのである。

そしてその余っている状態を放置せず、足らない状態に追い込んで、明日に備えて訓練する道をトヨタ方式では取るのだ。ここに「諸行無常、明日はどうなるか分からないから備えをする」という考えが出てくる。四・五人工の仕事の場合、五人に平等に分けてやると一人が〇・九人工の仕事で良しとするのが普通の会社である。

トヨタ方式では、同じ五人でも、仕事はあえて四人だけにやらせて、一人はリーダー役に回す。

そして、「それぞれの人が一・一人工の仕事をやってください」と告げる。すると、四・四人分の仕事で〇・一人足らないが、リーダーに〇・一人分やらせておき、残りの四人には挑戦し続けさせ、遅れた分はリーダーがリリーフする。

今日の「ムダ」を明日への投資に使う。将来的には「ムダ」でなくなっていく。「ムダ」の考え方は、それほど柔軟でかつ奥が深い。

50 風下に立つと「ムダ」が見えてくる

「トヨタ方式」ではみんなで「ムダ」を発見していく。

「ムダ」の見方で大切なのは、誰から見ての「ムダ」なのかということである。

その判断を間違うと大変なことになる。最も大事なのは後工程から見ての「ムダ」である。「トヨタ方式」では、流れの上流から下流を見てはいけない。いつも後工程から前工程を見て考える。

製品の流れの出口はお客様である。企業にとって最後の目的はお客様に買っていただくことにある。どんなに良いものをつくっても、どんなに安くつくっても、お客様に買ってもらえなければ意味がない。買っていただくお客様の立場に立てば、いろいろな「ムダ」が見えてくる。

たとえば、飛行機に乗るとき、搭乗口には航空会社の人間が立っていて、切符をわざわざ搭乗客から受け取って、自動改札機に通し、再び搭乗客に渡している。考えれば変なことだ。

鉄道では自動改札はもはや常識。自動改札になる前は長い間搭乗客から切符を受け取って鋏を入れていた。空港で、飛行機に乗ろうとすると搭乗口に今も人がいるのは、まさに鉄道流と言える。わざわざ切符を受け取り、自動改札に通しているのは、やっている本人にとってみれば搭乗客に対する親切かもしれない。

しかし、「小さな親切余計なお世話」で、別にいなくてもいいはずである。これなどは昔からのルールが見過ごされて残存している典型的な「ムダ」のケースではないだろうか。トヨタ方式では、右のような搭乗口での働かせ方を「暇つぶし」と表現する。人が余っていて、やることがないから（会社の立場から見れば「やらせること」がないから）、こういうことをやらせている、と見る。こういう会社は、忙しいところは大変忙しいが、暇なところは時間をもてあましていると見当をつけ、改善マンは実態調査に入るのだ。

航空会社のサービスの事例を続ける。

待合室に入る。ここでしばらく待った上で、まずファーストクラスが呼ばれ、次にビジネスクラスが呼ばれる。エコノミークラスは身体にハンディを持った人から入っていく。いかにも合理的だが、航空機の席がこのやり方に対応していない。

ファーストクラスは搭乗口の前方にあるのでよいとして、せっかく早く乗ったビジネスクラスの客は、席に座っていたとしても、後から来るエコノミークラスの好奇の目にさらされることになる。エコノミークラスは客が多くて席が狭い、荷物の整理などで時間がかかる。

入り口が詰まれば後の客が入れない。収まりがつくのに数十分かかる。その間、ビジネスクラスの客も、エコノミークラスの客も不快な思いで過ごす。大抵これで出発時間が遅れる。世界中で同じようなことが行われ、改善の兆しがない。

トヨタ方式であればどう考えるのか、参考までにここで提案する。まずお客様を群れとしてとらえない。一人ひとりが大切なお客様ととらえる。待合室のお客様が、スムーズに機内の指定の席にお座りいただくのが、搭乗という工程のサービスである。

この目的を達成するには、奥の席から順番に、お一人ずつあるタクトタイムで機内に御案内すればよい。そうすれば入り口付近で混み合うことなく、全員スムーズに早く着席できる。

ファーストクラスとビジネスクラスは快適なラウンジで待っているので急いで搭乗させないで、「乗ったらすぐ出発」が本当のサービスだ。

待合室からよりスムーズに順番に搭乗してもらうには、待合室の席に機内の席と同じ番号をつけておけばよい。さらに待合室の出口を右通路用、左通路用と分けておけば、搭乗機の入り口で「奥だ」「手前だ」「いらっしゃいませ」といっている二、三人の乗務員は身体を動かすサービスができる。

トヨタ方式ではこのように考えるのだ。

その次のステップは、誰でも考えそうなこんな簡単な解決策が「なぜ」改善できずにいるか？ を追求する。するとその原因は、待合室を管理している会社と、乗務員の会社が別会社で、契約にないことをやると叱られるし、時間内に収めないと赤字になるということが、分かったりする。

では、どうやって問題を解決するかに入っていくことになる。

ここから流れが二本に別れる。一本はとりあえずお客様へのサービス向上は、今の環境の中でどこまでできるか、各社の責任者が集まってプロジェクト・チームを立ち上げ改善を進める。これが解決すると、搭乗に要する時間が三〇分から二〇分に短縮できることも分かる。

もう一つは、各社の代表権のある人たちが集まって、企業グループとしての業務分担の見直しを始める……ということになる。

51 課題を与えて職場を鍛える

ここで言う課題とはストレッチ目標のことである。ストレッチというのは文字通り少し努力すれば届くような目標、要するに少しだけ難しい目標のことである。

考えてみれば赤ん坊だって、いきなり「歩け！」と言っても無理で、まずは「ハイハイ」から始める。「ハイハイ」ができたら、次は「タッチ（立って）」で、ようやく「アンヨ（歩いて）」となる。

これを会社に当てはめると、いつもよりも少しだけ難しいとか、少しだけ量が多い目標を与える。それを部下と一緒になって達成するわけである。

たとえば、職場に二〇の仕事があったとする。本人に「習うのは二〇の仕事だ」と全体像を見せた上で、最初は一〇の仕事を覚えさせる。それができるようになったら、一一、一三と次々と挑戦させてクリアしてもらう。達成感を味わいながら、できる仕事の量を増やしていくことが大事なのである。

二〇の仕事ができるようになったら、今度は人に教えさせる。人に教えることで、その仕事に対する理解度がより深まる。個人はこのように育成していく。

次に、職場全体を育てることを考える。「長」の責任で職場全体に課題を与えて挑戦させていくわけだ。

減産の兆しがあるときは、一〇人でやっていた仕事を九人にする挑戦をする。それができたら今度は八人に挑戦する。

減産の兆しがないときは、仕事のローテーションで組織を鍛える。たとえば、Aさんにはaという仕事、Bさんにはbという仕事、Cさんにはc、Dさんにはd、という分担であったとする。

そのままの仕事を続けていると、一人がいつまで経っても同じ仕事しかできないし、それだと代わりの作業者がいないから休みが取れない。そこで、Aさんにはb、Bさんにはc、Cさんにはd、Dさんにはe、Eさんにはf……と仕事を変えていく。すると、単に新しい仕事を覚えるというだけでなく、bという仕事にAさんの知恵が加味され、cという仕事にはBさんの知恵が加味され……といった感じで、仕事のやり方にも磨きがかかっていく。

他の部署に出る人間を選ぶときは、そのグループでいちばんできる人を、そのグループの「卒業生」として次の新しい仕事に送り出すことが肝要である。残った職場の一人ひとりは新しい仕事を覚えてさらに成長していく。

「この世は諸行無常」、常に将来に備えて職場を鍛えるのが「長」の役目。やりやすい方法ばかり選んでいては、職場が停滞する。

だから課題を与えて挑戦させてみる。余裕のある職場などはこの世にない。「余裕ができたらやる」ということは、「永久にやりません」と同義語である。

トヨタ方式では優秀な人材に新しい仕事に挑戦させるとき、彼と彼の所属長に対して、一週間ぐらいの長さであったら、「A君、今夜から君はひどい風邪にかかったことにする。一週間休んだつもりでこのテーマをやりなさい」という。一カ月以上なら「交通事故に遭った」という理屈にする。

確かにそのときはその組織は困るかもしれない。しかし、困るから勉強するのである。困らなかったら、誰だって勉強しない。困らせて、困らせて、困らせながら、従業員の気持ちが切れない程度に困らせる。それができたら、「やったね」と褒めて上げて、達成感を味わわせてあげるのが民間会社の「長」の仕事である。

なぜそこまでやらなければいけないかを説明しよう。

たとえば、四〇人の社員がいる組織があったとする。六〇歳を定年とすれば毎年一人ずつ辞めていく計算になる。定年で辞めた人の代わりにまさか新人を置くわけにはいかない。毎年毎年、全員、一年先輩、二年先輩の仕事をマスターしないと今の能力が確保できない。それだけでも大変な勉強量である。

職場の実力を上げていこうとしたら、この数倍増の努力が要る。

52 応受援が職場をさらに成長させる

トヨタ方式では、一〇〇〇台つくるのに一〇〇人でやっていたら、八〇〇台になったら八〇人でつくることが求められている。これを少人化と呼んでいる。

このとき二〇人を人選して他職場に応援に出さなければならない。これが課長の悩みの種である。応援には厳しいルールがあった。数名出すときは「上から出せ」。大勢出すときは「平均以上を出せ」であった。

部下の能力を寿司屋のメニューに擬《なぞ》らえて「松」「竹」「梅」と分けたとき、新車準備には「松」から出す。他部署への応援は「竹」が主体となる。応援は二カ月間と短く本人はさておいても職場が出入りで大変なので、減産が長引くと他の同職種の課に異動することになる。異動は「竹」と「松」と少しの「梅」になる。

この通りにやると、大減産時は「松」「竹」「梅」のうち「竹」と「梅」の比率が高くなる。即ち人材不足になる。さすがに課内のあちこちで問題が起きる。「竹」は「竹」なりに、「梅」は「梅」なりに懸命に努力し、成長してくれている姿が見えてくる。これが職場の底上げになるのだ。

新車立ち上げのときは、出て行っていた応援者が帰ってくる。同時に他部署からの応援者が来る。この混成部隊で立ち上がりを行う。

私がいた田原工場は、ハイラックス、セリカ、マジェスタの三つの組立課があった。全社から人が集まり数年間隔で立ち上がったので、お互いの面識がなく何かと対立していた。ところが、先に述べたような応受援を繰り返し、異動を繰り返しているうちに、三課が完全に兄弟になってしまった。課長も職長もそれぞれの課を経験し、みんな知り合いになった。だからお互い、悪いことは恥ずかしくてできなくなり、助けるときは心底助け、競うところは三課がお互いにフェアで公正な競争を始めた。

社員の立場で見れば、いろいろな職場で、いろいろな上司、いろいろな仲間と仕事をし、いわば社員一人ひとりの〝汎用性〟が増してきて、いつ会社を辞めても、どこの会社でも立派に通用する人間になっている。実際、トヨタに長年勤めた後、家を継ぐため故郷に帰る人が多かった。故郷に帰ったとき、トヨタで何年間か勤めたことが彼らのブランドとなる。それなりの仕事ができて、一目置かれるだけのスキルが身についているのである。

五年いれば五年、一〇年いれば一〇年いただけのことが身につく。それが従業員の生き甲斐でもある。先に述べた「少人化」は、経済学的には「労務費の変動費化」という意義は大きいが、人材を育てるという役目も果たしていたのだ。

応受援や異動で、だんだんとものごとが分かってくるし、いろいろな知識が身につく。良いことを覚えてきたら、自分のところに移す。これが作業員レベルで行えるようになる。一九九〇年以降になるとこれに海外工場の支援ということまで絡んでくる。自分の成長が自分で分かる。これは人間性尊重として大切なことだ。

新車準備チームの話をしよう。その部署のエースがチームに参加するという不文律がある。職場の中で仕事ができる人間だと自他ともに認めている人間が集まるわけだから、最初の顔合わせで、お互いに「お前が来ると思っていた！」となる。

トヨタ方式では、職場から抜かれることがハッピーなことなのだ。勲章をもらったようなもので、それまでの部署から出て来て、いろいろなことを吸収してまた帰れる。同じ部署には帰れないかもしれないけれど、様々なスキルを身につけ、そのキャリアは人材として登録される。

こうして人材は伸びていく。

第六章　「トヨタ方式」進化の過程

——ものづくりを大切にする文化を再び甦らせる

◆第六章のポイント

①「現地現物」の罠にはまって、ミイラ取りがミイラになるな。
②「なぜ」を五回繰り返すということは……。
③「現場」のフィードバックシステムがないと、こける。

確たる思想と鋭い洞察力を待って現場に行き、景色の裏にあるものを見る。
人に対しては、目線を合わせ、水を向け、本音を聞き出す。
これをもって現地現物という。
自分のものさしがないと、相手が分からない。

53 日本人の〝頭〟と〝腕〟で世界に通用するものをつくる

ここで少しトヨタの歴史を振り返ってみたいと思う。

そもそも、豊田佐吉翁が織機をつくろうとしたのは、個人として銭儲けをしようと思ったのではない。当時流行った、『西国立志伝』という明治時代に書かれた本と出合ったことがきっかけだったという。

そこには西洋の偉人たちが国を興すためにいかに闘ったか、そして、彼らが興した会社によって国家がいかに繁栄したかが書いてあった。その本を読んだ佐吉翁は、こんな貧乏な天然資源のない日本が西欧列強に勝っていくためには、日本人の〝頭〟と〝腕〟で世界に通用するものをつくって、お国のために役に立ちたいと決意した。

佐吉翁が始めたのが織機づくりである。家が大工で、母が機《はた》を織っていたからだ。織機づくりに取り組んで、はじめの頃は「馬鹿」「頑固者」「偏屈」と言われ、食うに困る生活が続いたという。先妻に逃げられたり、苦難の時代を経験した。だが、私利私欲を忘れた佐吉翁の志に感銘を受けて、援助してくれる人が現れた。そんな環境の中で佐吉翁は豊田式自動織機を発明し会社を興すのである。

そうした佐吉翁の志を二代目の豊田喜一郎氏が継いだ。輸入車ばかりが走り回っている状況を見て、このままではいつまで経っても日本に新しい産業は根付かない、絶対に日本人が日本の自動車産業をつくるべきだ。「誰もやらないなら、俺がつくってやる」と、固い決意で、万難を排して自動車製造に進出した。

外国の会社から図面を買ってきて、そのままつくるのではなくて、日本人の〝頭〟と〝腕〟で自動車をつくろうとした。喜一郎氏にそう言われると人間はみな燃えるわけだ。よそから図面を買ってきたら、付加価値はまったくの手作業だけである。自分の力で開発すれば知恵を使い、技術を使うから腕も技術も手に入る。その上、プライドが満足できて、お国のためにもなる。全身全霊を傾けて物をつくって、それがお国のためになるのだから頑張ろう。喜一郎氏の決意に、みんなが燃え上がった。

しかし、現実は非常に厳しかった。日本人の〝頭〟と〝腕〟を駆使しても、最初は何一つ満足にできなかった。鋳物をつくろうとしてもできない、プレスをしたら鋼板が割れてしまう、鍛造品は折れてしまう。こうした難題を何とかしようと現場の技術屋も職工も、肩書きに上下なく、みんな油にまみれて必死になって考えてつくってきた。

そうした中で苦労して生まれた技術的な考え方や、できなかった物ができたときの喜びを、みんなで共有していった。その過程でチームワークや固い絆が生まれてきた。職場に必要なのはみんなの和で、仲良く力を合わせていくことである。喧嘩をしている時間があったら、力を合わせてものをつくったほうがいいと身に染みて感じたのである。

トヨタの本社があるのは三河の田舎町である。政令指定都市でもない地方都市に本社がある一部上場企業はめったにない。今もそう変わらないと思うが、周囲に娯楽や楽しみを発散させる場所がなかったから、先輩たちは休みの日まで会社に行ってしまったという。

今の価値観からすれば、休みの日まで会社に行って一生懸命に働くなんて考えられないかもしれない。しかし、ゴルフよりも仕事にやり甲斐を感じていて、あと少しで形になる仕事があるとしたら、「できるまでやってやる」と会社に行ってしまうのは当然かもしれない。

学者によってはこういう社風を「三河気質」と呼ぶ人もいるようだ。徳川家康が徳川幕府を設立できたのも三河気質だからかもしれない。家康もトヨタも、三河の地に根を張って、三河で力を付け、他国に打って出て日本を制覇したけれど、根本にあるのは三河の考え方である。

トヨタの本社は永いこと鉄筋三階建ての古い建物だったが、二〇〇五年にようやく新しい本社ビルが建った。だが、それも従来の本社の道を隔てたすぐ隣である。これも「現地現物」主義かもしれない。いくらでも一等地に本社を持てるのにそうしない。「現地現物」

を離れたら絶対にだめだと考えているのだ。

54 トヨタ方式を支える工場技術員室制度

一般の会社の工場は、各製造部に分かれ、その製造部門は

部長―課長―職長―監督者

部長をトップとしたピラミッド型の階層組織になっている。

一般の会社は、「生産技術部」「製造部」「生産管理部」が工場の主役であろう。トヨタでは「生産技術部」「製造部」「生産管理部」に加えて「**工場技術員室**」がある。

このことについて説明する。

トヨタでは生産技術と製造技術を分けて考えている。

分かりやすいように、社員食堂を例にとって説明しよう。

「生産技術」は厨房機器を揃え、食器、テーブル、椅子を準備する。

「製造技術」は、その機器にどのような料理人を配置し、どういう手順で素早く、美味しいメニューを数多く提供するか、使い方の技術を追求する。

生産技術部は主にハード面を担当し、工場を建て、生産機械を設置し、生産活動に移れ

るまでの物的手配をする。これはどこの会社でも同じである。

工場技術員室は、製造部が管理者と監督者と作業員だけから構成されライン組織であるので、これだけではトヨタ独特のつくり方の改善や、トラブルシューティングができないと考えて、製造現場の技術スタッフとしての役割で設置され、主担当員（課長クラス）、担当員（係長クラス）、技術員（一般）で構成されている。

技術員は現場の班長、組長、技能員と一緒になりながら「つくり方の改善」をしていく。現場の技能員は現場の仕事があるから、ラインを離れるわけにはいかない。技術員は立場がフリーだから、彼らが、生産技術部に行っては喧嘩して、何とか現場を良くしようと頑張っている。現場で「改善」されたことが必ず生産技術にフィードバックされ、設計にもフィードバックされる。そうやって新しい技術と仕組みが生まれていく。

「改善」でポイントとなってくるのが設計であるが、一般にメーカー内での設計部の地位は高く、設計部に対してものを言えるような会社はなかなかない。トヨタでは設計に対してちゃんとものを言うことができる。「これがネックで段替えがなかなかできない」といった作業の「改善」や、車自体の使い勝手や機能性なども含め、みんなの意見を調整して、どうしたらよくなるかを考えている。

このように現場の問題を技術的に解析し設計に変更を要望するという仕事をする。現場だけで解決できる課題は日日成果に結びつけていく。設計変更を伴う改善は車の四年に一度のモデルチェンジの度に、レベルは上がっていく。それは完成した車を見れば分かる。他の会社の車を見ていると、作業性が悪く、現場が設計にものを言えるシステムになっていないように見受けられる。後日、ものつくり大学で他メーカーの車両を分解して、その生産性のレポートを書かせたことがあった。トヨタ系とライバル社との差は歴然としていた。独立系の中古車屋の親爺さんから「整備しやすいのでトヨタの下取価格が高いのだ…」と聞き誇らしく思えた。

さて、設計にフィードバックする活動では現場の班長にとっても、モデルチェンジの試作車をつくるのに参加するとなったらモチベーションは上がるだろう。「俺がつくる車に不良なんかあってはならない」と必死になってつくる。そこまでやれてこその「改善」なのだ。

工場技術員室にはもう一つの機能がある。それは製造課長の充電場としての機能だ。トヨタの製造課長はとにかく忙しい。まして組立課長のように部下を四〇〇人以上抱えると、交通事故、結婚、葬儀、サラ金に加えて　休日のインフォーマルグループの集まりに出席が課せられてくる。落ち着いて勉強している暇がない。

製造課長を三年続けると、オリジナリティーのある考え方などが空っぽになってしまう。製造課長職と、工場技術員室主担当員をローテーションすることによって双方にとって大きなメリットがある。元製造課長の主担当員は、自分の経験を話しながら、新任課長の相談に乗り、アドバイスができる。時間的余裕が持てるから部内各課の運営から管理の本質を学べる。上司である部長の補佐ができる……。こうしてノウハウを蓄えて、部長昇格への実力を養成していく機能も持っているのだ。

55 「現地現物」「実情実態」の罠

「現地現物」だけではダメで、その中の現場で働く人たちやその環境、つまり、「実情実態」も含めて考えることが必要である。「現地」の中に置かれた「現物」は単なる視覚による情報が主なものになる。「実情」は心を開いて聞き出して初めて知る隠されている情報で、年齢構成から始まり、その土地の風習、法律にまで及ぶ。

その「実情」により歪められた「実態」は心を無にして調べないと摑めないのが普通である。この「現地現物」と「実情実態」を合わせると自社の「現実」になるのである。

現場に対して報告書を出させる会社が多いが、作家でも、言語学者でもない現場が事実を正確に書けるわけがない。報告書を書けと言われても、面倒くさいし、上司をクリアできればいいわけだから、「……と日記には書いておこう」で、事実を書くより、上司が気に入るように書く。そうしないと、いつまで経っても上司にごちゃごちゃ言われて大変だからだ。みんな早く帰って一杯やりたいのだ。

トヨタ方式では報告書はいらない。現地へ行って実演で現物を説明し、現場の実情と実態を報告すれば、時間が節約できる。余った時間でよりよい対策が打てると考えるからだ。

「現地現物」「実情実態」を大事にすることを説きながら、同時にいかに多くの人たちが此処にあるおそろしい罠にはまってしまっているかについて警告を発したい。いわゆる「ミイラ取りがミイラになる」という罠にはまってしまうのだ。

たとえば、A氏が製造現場に赴任したとする。部下となった人たちから現状についてレクチャーを受けて現場に案内されたとする。このときの第一声にA氏とその部下の運命がかかっている。A氏はそんなことは夢にも思わず、説明にうなずき、「よく分かった」「ありがとう」だけ言って引き揚げたとしたら、A氏はその瞬間「ミイラ」になってしまったのだ。

現場は数年に一回上司が替わるので、手慣れたものだ。部下はA氏の評判をしっかり調べて、その評判が正しいかどうか、A氏がどの程度の人物かを計る試薬を準備している。

A氏への説明に、その試薬がいくつか含まれている。A氏がその試薬にどう反応したかで彼の実力が評価される。同時に職場の隅々まで伝播される。ここでなめられたら、在任中A氏は現場の「被管理者または利益代弁者」になり下る。

試薬にはビシッと答えを出し、ただ者でないと思わせなくてはならない。分からないときは「なぜだ？」「なぜだ？」と徹底的に質問すること。「今対策しています」という返事が来たら「対策責任者は誰か、いつ結果を報告してくれるのか」と言って本人を確認し、出任せの言い逃れは通用しないところを見せつけること。これが大切である。

またA氏としては赴任前に少なくとも、同職種の現場を見て相場を摑み、前々任者を訪れ、牢名主とお局様の名を聞き出すぐらいの前準備が必要だ。

牢名主とは夜勤直で現場を取り仕切っている男、職位はいろいろある。お局様とはお茶室を取り仕切っている女性、職位は関係ない。できるだけ早く牢名主とお局様に声をかけておくこと、彼らを敵に回すとヤバいからだ。

さてミイラ取り（管理者）がどのくらいミイラになっているか、役所で例をとるとよく理解できる。筆者は橋本内閣時代、経団連の規制緩和委員会で仕事をしていたが、農水省は国民に食料をいかに安く提供できるかを目的にしているのに、世界相場の一〇倍も高い米を供給している。経産省は世界相場の二倍もする電気料金を認可している、などがある。

言いたいことは、「現地現物」「実情実態」を大事にするということは当人が管理能力があることが前提だということである、それがないとかなりの副作用もあるのだ。

56 「なぜ?」を五回繰り返すことの意味

「現地現物」「実情実態」を大事にすることを、私は最初から認識していたわけではない。それを知ったのは、トヨタでの生産歩合会議でのことである。製造部次長以上が集まるその会議では、過去に起きた不具合の報告書がまな板に載せられる。その報告書を基に「改善」の道を探すわけだ。

たとえば、設備が動いているときに停止位置がずれてしまって機械を壊してしまった事例があるとする。なぜ停止位置がずれたかというと、止まる位置を決めるリミットスイッチがずれていたためだという報告があった。

当時副社長だった大野耐一氏が、「なぜスイッチがずれた?」と訊く。担当部長が、「それは締め付けトルクの点検が……」とあやふやに答えた。すると大野氏は、「締め付けトルクの点検はどうなっている?」「いつも誰がやっている?」と、続けざまに訊いてきた。

担当部長が答えに詰まって、「班長がやることになっています」と答えると、「班長がすることになっているのに、なぜやっていなかった？」と容赦なく質問が飛んでくる。

さらに、「定期点検がおろそかになっているということだね。いったい君は何をやっているんだ？」と、とことん追及してくる。担当部長がしどろもどろになると、大野はカーッと怒って、「そんなこともやらずにおってノコノコと会議に出て来るな！　即刻、帰ってその手配をしろ！」と怒鳴るのだった。自分の持ち場に帰って、締め付けトルクのリミットスイッチがどうなっているか、全部の機械を調べ上げて、それを締め付けるのはもちろん、どういう点検体制になっているか、全部調べて報告に来いというわけだ。

そうやって大野耐一氏は、出来事の原因を追求していくことの大切さを教えていたのだ。すでに何度も「諸行無常」の話をしたが、世の中のあらゆるものは壊れる、ストッパーは動く、世の中は常に変わっていくのだから、点検して回る仕組みも崩れていく。「これで安心」ということはないのだから、絶えずシステムの点検をしていかないといけない。

世の中の環境は変化していくのだから、変化していくことにどう対処するか。そのための管理者だ。

管理者が、現場から上がってきた報告書のまま上司に報告していては管理者の存在価値がない。その無責任さを大野耐一氏は叱ったわけだ。

57 現場の「フィードバックシステム」を確立させる

会社管理で大切なことはフィードバック体制の確立である。

民間会社が世界規模の大競争を勝ち残っていくには、トップの的確な判断と施策が必須であることは論を俟たない。しかし進むべき道は、平坦な、楽々走れるような道ではない。ビジネスチャンスを狙えば道なき道を走ることになる。このときは、現場の第一線にどんな負荷がかかっているかを、命令を下したトップにフィードバックする仕組みの善し悪しが勝敗を決める。

この関係をパワーステアリングの例をとって説明する。

自動車のパワーステアリングは、本来大きな力を必要とするハンドル操作を小さな力で思い通りに操作できるようにする仕組みである。この仕組みで難しいのは、タイヤが危険な状態になったことをハンドルを通じてダイレクトにドライバーに伝える部分にある。

ハンドルを切ったとき、ドライバーに、「今、タイヤはこれだけ無理をしているから、これ以上ハンドルを切ったら危険である」と瞬時に分からせることが大切であるが、このシステムが難しいのだ。いわゆる「フィードバックシステム」である。飛行機も同じで、機首を上げすぎると、操縦桿をガタガタと震わせて失速を警報する装置が付いている。

会社経営も同じで、管理者は現場の負荷の状況を判断し、知恵を使い任務を遂行するとともに現場の状況を的確に本社に伝えることも重要な任務となる。

トヨタ方式で管理されている現場は、少ない在庫と少ない設備で、緊張感の中で生産しているから、毎日が異常処置のトレーニングをやっているような運営になる。それゆえ、異常には敏感になっているし、異常に対応する足腰は十分強いとされている。

58 目線を合わせることの大切さ

目線を合わせて話し合うことが大事なのを課長になってから知った。

田原工場に、新たに第二組立工場を建て、全社から要員を集めて第二組立課を編成し、ソアラというまったく新しい車を生産するという、大変大きくて、責任の重い、厳しいけれど名誉なプロジェクトをやってきて、目に見えて成果が上って来た頃のことだった。さんざん苦労して、その甲斐あって、品質も生産性もトップランクに入り部下たちと、達成感を味わっていたそんなとき、降って湧いたように当時皇太子だった今上陛下が、私の勤める田原工場を視察されることになった。忘れもしない一九八三年夏のことである。

当時は豊田英二氏が社長で自動車工業会の会長もやっていたとき。自動車産業はまだまだ日本の基幹産業ではなく、トヨタも田舎の会社だった。皇太子殿下がおみえになるからには失礼がないように工場内をきれいにして、ペンキも塗り直さないといけない。

では誰がペンキを塗るのか？

その工賃はどこから出るのか？

工場の幹部に聞くと、知らん顔をされた。彼らは本社の方ばかり見ているし、本社は本社で社長が何処でお迎えし、食事はどうするかで手一杯であった。

しようがないから見学予定のソアラを生産している工場の課長たちが集まって、課の運営予算を融通し、自分たちの責任で部下と一緒にペンキを全部塗り直した。普通だったら製造ラインが火の車になるところだが、「改善」の結果、工数が余っているので何とか塗り終えることができた。そうして工場をきれいに塗り直して、皇太子殿下ご夫妻を迎え入れた。

懸命の努力をして、部下たちと産み出した改善成果をこういう形で使うことは、皆にとって誇らしいことでもあった。

私は組立工場の入り口で課長として礼をする役を仰せつかっていた。数回リハーサルをやったのだが、そのときの皇太子殿下役は二〇メートルくらい向こうを歩いていた。それに向かって深々とお辞儀をしていた。

本番になった。私はリハーサルと同じように深々とお辞儀をして、顔を上げた。すると、二〇メートル先を歩いているはずの皇太子ご夫妻が、お顔を寄せられ、腰をかがめて、私の目の前で頭を上げるのを待っておられたのだった。ご夫妻は私と目線が合うとにっこり微笑んで「ご苦労様です」と会釈された。その途端に私の身体に電気が走った。

まったく予期せぬ出来事であった。びっくりして慌てて頭を下げると、ご夫妻は静かに去って行かれた。私の身体にしびれるような感激が残った。工場立ち上げで苦労してきたことが一瞬で報われた気がした。

日本が戦後、これだけ速く復興したのは昭和天皇の存在が大きいように思う。昭和天皇が「現地現物」日本各地を訪問し、炭坑の中にまで入って、そこで働く人に「ご苦労様です」と言って回られたと聞いている。天皇陛下に声をかけられれば、どんな人物だって身体の底からやる気が出てくる。炭坑の中までやってきてくれたのだから、「自分たちは頑張らないといけない」と思う。それは「現地現物」の極みではないだろうか。

皇太子ご夫妻と目線を合わせて挨拶を交させていただき、私はそのことを悟った。同時に、トヨタで毎月副社長以下の生産担当役員が工場を回り、現場の発表を聞く行事を行っていたが、その意味が分かった。

59 「現地現物」に行く前に、「洞察力」を磨く

「現地現物」とは現地に行って現物を見よ！　そこには厳然たる事実がある。その事実を見つめて「なぜ」を五回くらい問えば、真実が見えてくる。「なぜ？」を繰り返すと、その裏にある管理体制や組織のありようも全部見えてくるはずだ。ここまでは理屈として正しい。

その一方で「心、此処にあらざれば、見るとも見えず……」という言葉もある。大事なことは自分の「洞察力」を磨くことである。

「現地現物」を実践しても、現地で現物の「何を」「どう見るか」である。現地に行って現物を見たときに、状況を判断できる能力がないといけない。「洞察力」あってこその「見える化（ビジュアル・コントロール）」である。

「洞察力」が欠けていると、大野耐一氏の言ったような五つの「なぜ？」さえ頭に浮かんでこない。それでは、世の中に絶えず起きている問題の本質はなかなか分からない。どうやったら分かるようになるかを追求していくことが「現地現物」主義の本質なのだ。

ただ、現場に行って現物を見ればいいというものではない。事前にその職種の世間相場を調べ勉強しておかないといけない。

「実情実態」は、現地に行って、現物を目の前にし、現場の人と目線を同じにして、本音を聞き出さないといけない。誰だって最初から本音なんか言わないわけで、言わない本音をどうやって言わせるかが重要である。現地に行ったら、そこで働く人に水を向けること、水を向けないと絶対に本音は出てこない。

洞察力の勉強のためには日頃から現場を見る訓練がいる。そこに飽くなき問題意識、現状否定の精神が必要である。

大野耐一氏も、「今やっているのがいちばんまずいやり方だと思え！」と繰り返し言っていた。世の中には必ずもっと良いやり方があるから、それが見つかるまで挑戦し続けなさいということだ。「今、この方法をやっているのは、これがベストだからやっているのではなく、これより良い方法が見つかっていないから、止むを得ずやっている」のである。常にベターを目指すことが重要なのだ。

かくすれば　かく成るものと知りしなば
やむにやまれぬ「改善」魂

これは大野耐一氏の辞世の句である。大野耐一氏は現状をもっと良くしようと最後まで「改善」に心血を注いでいた。

ところが、今の日本社会は大野耐一氏が危惧したように、「現地現物」からも、「実情実態」からもますます遠ざかっているように思えてならない。

60 仕事に誇りを持てる人間を育てる

日本人は本来、農耕民族だから農業しかやってこなかった。農業でやることは、畑を耕して、種を蒔いて、水や肥料をやって日に当てていれば植物は育つ。「大事、大事」と言って待っていれば植物は躾けなくても勝手に立派に育つ。

欧米人は狩猟民族の子孫である。子供は甘やかしていては狩りができなくなるし、生きる術を知らなかったら他の大きな獣に食われてしまうことだってある。狩りができないと餌となる動物が手に入らないから生きていけない。だから欧米社会では、よちよち歩きのころから徹底的に躾ける。躾けは自我が生まれる前にやらないとダメなのだ。そして、ちゃんと躾けができた上で一人の子供としてかわいがる。

ところが、日本では最初にちゃんと躾けないで、ちやほやしてかわいがっている。成長するにつれて自我が出てくると、やっと、「あれをやってはダメ」「これをやってはダメ」と躾ける。躾けても自我があるものだから、反抗して言うことを聞かない。だから、躾けがちゃんとできないまま大人になってしまう。

日本には外敵がそういないから、敵から身を守る手段を躾けられなくても死ぬことはない。そう言ってしまえばそれまでだが、本来なら、西洋社会のように小さなころから物事の善悪や社会のルール、手先を使うことの大切さをビシッと教えていかないといけない。それができたら、だんだんと躾を緩めていって、ある程度の年齢になったら、「もう一人前なのだから、後は自分で勝手にやりなさい」と突き放すことが必要だ。

最近の日本はいくつになっても大人になりきれない半端な人間が多いようである。今日、若者の五人に一人がフリーターで、二〇一〇年にはフリーター人口が四七六万人とピークを迎えるそうである。これは危機的な状況である。

一人前の職人として、仕事に誇りを持てるような人間を育てていかないと、一〇年後の日本はどうなっているか分からない。日本のものづくり文化を再興するにはよほどの覚悟が必要である。もはや一企業だけの問題ではなく、日本の製造業の抱えている根本的な問題としての解決が急務となっている。

身近なところから始めてみてはいかがだろう。今日、家庭内に残されている数少ない「ものづくり」の一つは、毎日の食事の料理である。週一回でも良い。親子で料理をつくって食べることから始めて欲しい。何種類かの料理を食卓に並べようとすると、食材の準備から加熱、盛付けなど多くの工程の手順と時間管理が必要となる。親子など複数の人員で行うと連絡調整も必要になる。

まずは親子で始めて、回を重ねながら子供だけで料理する方向に仕向けていく。これによって、手順を計画し、実施し、完成したときの達成感を味わせることができる。子供にこういった体験をさせることが将来の自立した人間づくりの基礎となるはずだ。

第七章　これからのものづくりはどうすべきか

——従業員を大切にする企業は伸びる

◆第七章のポイント

①社員教育、改善を通じて、自己実現の喜びを味わわせる。
②技術の「術」は「行」うことを「求」めている。
③自社に最適の生産方式をつくり構造改革をしないと、生き残れない。

コンピューターのネットワークは、繋げてスイッチを入れれば直ちに機能する。しかし、トヨタの四工場から人材を集めて新しい組立課を編成したとき、業務連絡は自己紹介から始まった。一つの課としてチームワークが完成するのに二年かかった。人材を育て、強固なチームワークづくりが企業競争の鍵となる。

61 職場教育が「トヨタ方式」を支えている

トヨタの現場では職場教育が非常に大事にされている。

職場では新卒者や若い社員には数歳上の職場先輩をつける。親子ほど年が違う職場長とは年が離れすぎ、上司と部下の関係では言いたいことも言いづらいからだ。「困ったことはこの人に相談しなさい」と先輩を選んでつけるのだ。上司と部下の関係だけだと情報がうまく流れないからだ。この先輩後輩の付き合いは何年経っても大事にされている。公私にわたり疑問があれば、必ず職場の先輩にぶつけている。先輩は後輩を指導することで「アニキ」として成長するのだ。

各職場には大、小の休憩所がある。午前一〇分間、午後一〇分間、「ホットタイム」と呼ばれる時間はライン脇の小休憩所で少人数で休憩を取る。昼休みは大きな休憩所で、みんなでワイワイガヤガヤやっている。この中から職場意識が醸し出される。

QCサークル活動は、一カ月に二時間有給で行う。新人は先輩に手を取って教えてもらいながら、テーマリーダーをやってみる。ここで問題解決手法や、リーダーシップの体験をする。先輩は後輩に教えることで勉強になる。後輩との関係もそうやって濃くなっていく。

組み立てラインに新人が入ってから仕事が一人前にできるようになるまでのプロセスも先輩後輩の関係の中で行われる。速さについていえば「諸行無常」で説明したように、自分の名前を左手で書く速さが新人の作業の速さである。右手で書く速さがベテランの速さである。慣れてこないとできない。私もいろいろ関与してきたが、基本動作を最初にしっかり身につけさせたほうが、後からの成長が早いということが分かっている。

考えてみれば当たり前のことである。文字を書くには、正しい姿勢、筆の持ち方、筆順を教え、書かせる。この手順を抜いていきなり文章を書かせてもそれは無理というものだ。新人が組立課に配属されてからラインに入って仕事をするまで約二週間、ライン外で基礎訓練をする。これは私をはじめ有志の課長たちが自発的に実施していたのが一九九〇年に会社として制度化されたものである。

二一世紀になってから多くなった派遣社員に対してはさまざまな評価があるが、一カ月、二カ月しかいない人にはこれだけの導入教育をしていたらとてもペイしないだろう。

当時から少子高齢化が進みほとんどが長男であった、正社員として採用されたからには、少なくても五年、一〇年、トヨタに勤めたという誇りと自信を持たせて、社会人として、どこに出しても通用する人間にして親元に返したい。そんな思いで課長時代は現場教育に務めた。

さて新入社員のライン外の訓練内容は、ねじを締めるインパクトレンチの使い方、締め付けトルクの測り方から始まり、作業の基本動作、安全の心得（止める、呼ぶ、待つ）、品質保証体制、トヨタ方式（異常があったらひもを引いて教える）など、会社の一員としての基礎知識、しつけとして工場内の清掃、挨拶の仕方、規律訓練などである。教育担当の先輩が、手本を示しながらビシッとやるので、一週間経つと見違えるように引き締まって来た。

基礎訓練の最後の頃になると来週から実際に行う工程の先輩の仕事ぶりをビデオで見せて全体像をつかませ、トヨタ方式の「標準作業票」「要領書」をもとにスローモーションで動作を解説する。その後その作業手順を空暗記で声に出しながら動作をやらせてみる。先輩から野次が飛ぶ中で、一工程の作業内容が、ジェスチャーでできるようになる。

カットボディを使って、要領書にあった勘・コツ・急所を大声で言いながら実地訓練をする。先輩がチェックをする。ここまでで二週間のライン外での新人導入教育が終わる。

翌週は配属先でいよいよ本番となる。先生は職場のリーダーで後見人が職場先輩となる。

リーダーが「一人前と呼べるのはここまでできることだ」と言って、新人の前でやってみせて、「君はまだ素人だから、三分の一しかできないけれど、だんだん仕事を増やしていって、今にこれだけできるようになるよ」と教えてくれる。
リーダーが教えた後、後見人役の先輩が見本をみせて、しっかり教えてくれる。先輩は新人の後ろについていて、声をかけながら後輩の仕事をフォローしてくれる。組み立て現場はコンベアー作業であるから、コンベアーが動いてくる中で、「この仕事はスタート時点から何メートル行く間に終わりなさい」という具体的な指示が与えられている。終わりそうもなかったら頭上の呼出しひもを引けば先輩が手助けしてくれる。安心して挑戦できるのだ。後は自分との戦いになる。作業をする度に勝ち負けが分かるので面白くなり、熱中してできる。だから速く覚える。目標をクリアしたら次の目標にチャレンジする。一週間経つと、ほぼ一工程分の仕事ができるようになる。二週間経てば作業遅れで呼ぶ回数は激減する。一人前になったわけである。

新人が一人前になるまではみんなの関心の的で、休憩所では注目され、先輩たちに話しかけられる。ミーティングなどで、「××君が頑張ってくれたので、予定より進んでいます」と言われたりする。これが新入社員にとっては最大の励みであり、最大の願いともなっている。うまくできなかったらお互いの作業姿をビデオに撮って見比べてみる。比較して、どこが違うか気づかせるのだ。

「新人は、ここまでできれば一人前だ」と言われるまでやる。そうやって訓練して、もっとできるようになれば、習熟度にあった仕事をやらせてみる。「トヨタ方式」は「諸行無常」で、つねに挑戦だから、ようやく一人前にできるようになった頃には工程変更がある。半分くらいの仕事が変わるわけで、また新しい仕事に挑戦していくことになる。

さらに数年経つと、専門技能習得制度のC級を受けることになる。いわば技能・技術道場である。各工場の敷地内にそれぞれ専門技能単位で研修所があり一週間オフラインで研修を受けるのだ。C級を取って現場人として一人前と言うことになる。

その上にB級、A級、最上級にS級がある。しっかりした挑戦目標が掲げられているわけだ。この中で専門技能としてのトヨタ方式が教えられていく。

これとは別に、監督者として昇格していくための教育も、なされている。ここでも各職位にあった教育を受ける。トヨタ方式については自職場の中でどのように展開していくかといった実践力と指導力の教育が行われる。

これだけの教育・訓練をした社員が会社の現場を支えているのだ。トヨタ方式にとって社員は「宝」であり、「人財」である。

62 「改善」とは社員の「自己実現」でもある

子供が五、六人で梯子の四角な穴の中に入って、電車ごっこをしている場面を想像してほしい。

数人の子供は梯子を引っ張っていこうとして梯子のステップをお腹に当てて走っている。一人か二人が背中にステップが当たり梯子に引きずられる形になっている。背中もお腹もステップに触れずに走っている子供もいる。

肝心なのは自分はハシゴを引っ張っているほうなのか、引っ張られているほうなのか。みんなをリードしているのか、迷惑をかけているのかが、人生の境目であることに気づかないといけない。

「こんちくしょう！　これくらい××分間で終わらせてみせる！」と言って、困難に挑戦していく。工夫を凝らして、どんどん違うやり方を試してみる中に面白みが出てくる。

大事なことは、いつも挑戦しているということだ。挑戦して努力する人間はいつも自分との戦いをしている。毎日の仕事の中で、「この課題をどうやったら乗り越えられるか？」を常に考えている。

アブラハム・マズローの「欲求五段階説」によれば、人間の欲求は大きく分けると五つあって、それらがピラミッド状に存在している。下から見ていくと、

①生理的欲求：生き延びたい
②安全の欲求：痛い思いをしたくない
③親和の欲求：仲間になりたい
④自我の欲求：仲間から尊敬されたい
⑤自己実現の欲求：自分が満足できる自分でありたい

があって、人間は底辺から始まって、一段階目の欲求が満たされると一段階上の欲求を目指すという。

重要なことはいかにして従業員にその気になってもらうかである。だから、「長」の果たす役割は大きい。

どんな職場でも通用するように抽象的な表現をすれば、職場の中央に、スポットライトが当たる檜舞台をつくる。野球で選手が順番に打席に立つように、職場の一人ひとりに順番にその檜舞台に立たなければならない仕組みをつくる。

自信のない人は、のけ者にされたくないから、平均以上を取ろうと頑張る（レベル③）。

自信のある人は、良いところを見せようと、かなり頑張る（レベル④）。自信の強い人は、トップを狙って懸命に頑張る（レベル⑤）。

人間は「できそうでできないと悔しい」「できそうもなかったことができると嬉しい」。だからはまる。はまると「自分との戦い」が始まる。この「自分との戦い」こそ、最上級の⑤自己実現の欲求である。

これを職場に生かし、皆と楽しみながら、職場成果を上げていくのが、職場長の役目だ。職場を活性化させ、次々と目標を達成していくことによって、職場のメンバーは「自分との戦い」に勝ち抜き、トヨタ方式の目指す人間像に育っていく。

このように育った人間こそ企業の「宝」＝人財である。

63 現場で「宝」を増やして磨く

職場の長は自分の職場の中にこの「宝」を増やし、「宝」を磨いていかなければいけない。それができなくて、どうやって現場を維持するのか？　楽な仕事や、どうでもいい仕事を与えたり、ろくに仕事をやらせていないのではそれこそ「宝」の持ちぐされである。時間が経つと「宝」が「宝」でなくなってしまう。

トヨタ方式では、「宝」にはさらに輝いてもらうように目一杯腕を発揮してもらうことを目指す。

目一杯という意味は、会社（職場）とピンと張った関係という意味で、本人がサボれば会社が歪むということを意味している。目一杯やっている人間は、自分が会社（職場）を支えている実感があるから、その自分が誇らしいのだ。

トヨタ方式では、従業員が、「宝」になり目一杯働いてもらうことを前提にしている。だからトヨタ方式に「クビ」という言葉はない。

今までいろいろと説明してきたが、トヨタ方式は「特異な考え方」や、「特異な仕組み」が前提になって成り立っていることが分かると思う。

つまり、「トヨタ方式」を生かすにはそれに適した環境が必要なのだ。たとえば、アマゾンの真ん中で咲いていた蘭の花をそのまま砂漠に持っていっても同じように咲くだろうか？　蘭の花が咲くには熱帯雨林のような環境が必要なのである。

従って道は二つある。

砂漠という環境を変えず、砂漠で咲く花を探してきて咲かせるか。

あるいは砂漠の環境を灌漑《かんがい》によって変えていき、蘭か何かの花を咲かせるかである。

花を選べば、いろいろな花がある。砂漠にだって「月下美人」が咲く。灌漑すればチューリップや菊もある。ただ厄介なことに、トヨタ方式という蘭は「ホット」で「ウェット」なところを好む。

64 技術の「術」は「行」うことを「求」めている

最後に、大野耐一氏が残した言葉を紹介したい。いくつか挙げるがイチオシの言葉は「技術の『術』の字は『行』うことを『求』めている」である。

「術」という字を分解すれば分かるように、「求」の字を「行」が挟んでいる。

技術屋の端くれだった私は当時大変感銘を受けた。

大野耐一氏はこうも話していた。

「技術をよく考えてみろ、だいたいの人は、こんな技術が欲しいと言うと、『それは無理です。今までにやっていません』とすぐに答える。一生懸命考えて、できないというのは『技述』だ。そんな技述屋は何人いても役に立たん。ろくに考えずに、できないというのは『偽述』だ。こんな偽述屋は即刻会社を辞めてもらいたい。やれそうもないことをやってしまうのが『忍術』だ」

「技術の『術』は忍術の『術』なのだ、できないと思うようなことを技術的にやってのけるから偉いんだ」

「行動を起こして初めて『技術屋』なんだ」

ちなみに、右の言葉を大野氏がしきりに言っていたのは一九六〇年末頃でテレビでは「隠密剣士」、マンガでは「伊賀の影丸」など忍者ブームであった。

さらに、

「永久機関のように、できないことが証明されているのならやらなくてもいい」

「できるかできないか分からないのだったら、やってみろ」

「やってみることが大事なのだ」

と、大野耐一氏はよく話していた。

当時若かった私は「ぎ・欺・偽・義・擬・疑・戯・妓……」と「述・術」とを組み合わせて、先輩「技術屋」を類別して楽しんだ。

本題に戻って、大事なことは漢字の「術」に込められた意味である。つまり求められていることに挑戦することである。一見して「これはできない」と思われていることに挑戦することこそ、技術屋の仕事である。難関が大きければ大きいほど燃えるようでなければ、技術屋とは呼べない。

大野耐一氏は、どうやったら技術を引き出せるかにこだわっていた。「図書館に行って、できるかできないか調べる」のではなく、できそうだから、「できるに違いないと信じて、必死になって取り組み・楽しむ人」を求めた。

現場に必要なのは、できるに違いないと信じて「頭」と「手」を使って努力する行為である。この「頭」を使う行為を「智恵」と呼ぶのである。「手」を使うのを「現地現物」という。

上に立つ者は下の人間に対して「智恵」を出させないといけない。「智恵」を出させるためには下の人間に無理難題（課題のトヨタ用語）をふっかける。大野耐一氏はいつも、明日はどんな無理難題をふっかけて、現場の人間をどう困らせようかと考えていたという。困らせないと良い「智恵」が出てこないし、「智恵」を出してもらわないと会社は良くならないのだ。

上司が部下に遠慮して、「悟って」しまったらダメである。最近は子供まで、「世の中はこんなものだ」と悟っている。しかし会社でこれをやっては絶対にいけない。「立って半畳、寝て一畳」と悟り「一畳のスペースさえあればいい、それ以上は必要ない」……。そんな諦めを上司が口にしてしまったら部下は何もやらなくなる。

人間は誰でも「易き」についてしまって、苦しみから逃れようとする。苦しいことを考えると、なぜそこまでやらねばいけないのかと言ってそこで安住してしまう。安住こそがいちばん良くないことである、いつも何かに挑戦していないといけないのだ。

大野耐一氏の辞世の句

かくすれば　かく成るものと知りしなば

やむに止まれぬ「改善」魂

のように、「改善」は魂の問題なのだ。「トヨタ方式」において、ここまでくれば十分だと思ったら、その瞬間に死ぬことと同じなのだ。「『改善』は無限である」とは、「人生は無限である」と言っているのと同じである。

人生とはこんなものだと諦めてしまったら、明日から生きる意味はなくなってしまう。悟り切れていないから、この世に生きているわけで、まだまだやることがあると思うことで、人は生きられている。「改善」とは、波瀾万丈に対応しながら生きることであり、真理を見極めることであり、何かを求め続けることである。

「改善」があるから人生があり、人生があるから「改善」がある。何かを考え、何かを工夫し、何かに挑戦するから、そこに人生の意味が生まれてくる。ボーッと日がな一日、日向ぼっこをしているのでは生きているとは言えない。

繰り返すが「改善」は無限であって、「ここまで行けたからもう満足」ではいけない。そう思ったとたんにもう世の中が変わってしまっている。満足した自分はもう過去のものなのだ。いつ何時でも「改善」は続けなければならない。

なぜなら、世の中は「諸行無常」で、つねに変わるものだからだ。昨日できなかったことを、今日成し遂げたと思っても、今日の世界はもう動いている。つねに世の中は動いているものだから、昨日のことはもう過去のこととして、より良い明日に向けて「改善」を続け、世の中に貢献していく。それが「トヨタ方式」である。

ところで改善は無限であるということがアメリカに伝わり、シックス・シグマと呼ばれる活動になった。米GE社、モトローラ社が先頭を走っていた。

最近中国企業の改善を手伝っているが、リーン生産方式だけでは不足だということに気がついた様子でシックス・シグマ活動とセットで導入を図っている企業が多い。彼らにとっては「トヨタ方式」＝「リーン」＋「シックス・シグマ」なのだ。

65 自分の会社にとって最適な生産方式をつくる

「トヨタ方式」の始祖として崇められるようになって久しい大野耐一氏だが、入社間もない私の認識は一言ずつ言葉を選びながら、小さな声で、話す長身痩躯の紳士であった。トヨタ方式は一九七〇年から全工場で全面展開となる。

このころ、私のいた高岡工場は、カローラの増産でガタガタしていた。そんなとき大野耐一氏が指導に来た。そのたびに若造の私は記録係をやっていた。

工場にやって来て、各現場を見て回った後、大野耐一氏は事務所で車座に部課長を座らせて、現場の感想やものの見方や考え方を指導した。せっかくの指導会も、ほとんどの人は大野耐一氏の言っていることを十分には理解できていなかった。

「狩猟民族と農耕民族の違い」「足袋と靴下」「下駄と靴」の話をし、「肉は腐るが米は腐らない」「左右の互換性」をたとえに引いて、在庫の考え方を教えようとした。聖書に出てくる「山上の垂訓」そのものであった。

当時の聞き手は、哲学や一般教養に縁遠い人が大半だった。大野氏が例に引く故事来歴、諺は通じていなかった。当時現場で実権を握っていたほとんどの人間は職工からの叩き上げだったから、経営面から考えた発想は分からない。「在庫」は「ムダ」だと言っても、一生懸命つくらないと間に合わないから、「明日のものを今日つくって何が悪い」と考えていた。それどころか、ちょっとした空き時間でもそれを活用して、「明日に備え」つくり溜めをしておくのが「現場の才覚」で、管理監督者としての腕の見せどころと信じてやってきていたのだ。

この考え方に凝り固まった職場の管理監督者に、彼らが今までやってきたことの正反対の考え方を説き「今日は今日の分しかつくってはいかん」「時間が余ったら立って待っておれ」「つくりすぎがいちばんいかんことだ」と諭していったのだ。

前述の「農耕民族と狩猟民族」は次のような話だった。

「狩猟民族は、獲物は生肉ですぐ腐るから、保存するなど夢にも考えない。すべて食いつくし、その後腹が空くまでゴロゴロしてすごす。腹が空いたらまた狩りに出かけるのだ……」

「農耕民族は一種類の作物は一年に一回しか収獲できない。保存ができるので不作に備えて少しでも多く貯えようとする。一年中アクセク働いて、ひたすら在庫を溜めていく……。我々は毎日生産しているので、狩猟民族のように何も在庫をもたなくても良い」

日本人は本来農耕民族であるから、諸君がつくり溜めしたくなる気持ちは分かるが田や畑でできているものを採って来るのではない。会社のお金で買った材料だ。お金が寝てしまうのでつくり溜めはいけないのだ……。

こういう主旨で諭したのだった。

その頃の会話の行き違いを表すエピソードがある。

ガソリンタンクの塗装工程で、塗装完了したタンクが祭り提灯のようにずら～っと並んでいるのを目にした大野氏は担当する課長に「あれは何だ」と訊いた。訊かれた課長は喜んだ。初めて答えられる質問が来た。そう思って「あれはガソリンタンクというものです……」と答えた。

「何だ」と訊いたのは、「塗装完了したタンクが祭り提灯のようにずら～っと並んでいるが、何であんな馬鹿なことをしているのだ……」という意味であったのだ。

事務所で車座に部課長を座らせて……とさりげなく書いたが、会議室に集めて壇上から演説したのではない。従業員数万人規模の会社の専務取締役ともあろう人が、事務所の片隅で、自分の周りに部課長を座らせ、文字通り目線を合わせ、相手の理解度を確かめながら、静かに、訥々と、言葉を選んで教え、諭していたのだ……。

トヨタを定年退職した後になって私もやっと、そのことの意味や、重さが分かってきた。

このことを読者に伝えようと、私は「山上の垂訓」と表現したのだ。

私の体験からも、先輩の話からも、大野氏は部下に課題を与え、考えさせて、返ってきた答えを評価し、良いものは採用し、不十分のものは再度考えさせるという方法で、トヨタ方式を部下に教え、システムを構築してきた。これはすばらしいことだと思う。

私自身、三五年の会社生活で部下を教え、家庭でわが子を教え、孫を相手にし、さらに今は大学教授として学生を教え、現在コンサルタントとして、企業幹部を相手にしている。その私自身の長い経験から見ても、大野氏の教え方の意味が理解できる。「基本的な考え方を教え、課題を与え、答えを待つ、合格レベルの答えを持って来るまでジッと待つ」。このやり方である。

合格レベルの答えを持って来た人は、自分のこととしてあらゆることを考えて答えを導き出している。そんなプロセスを踏んでいればその件に関しては、何を聞いても一通りのことは答えられるものだ。

このレベルでないと現場の改善の指揮はとれない。考えた人がその案通りに現場の指揮をとって改善を完遂すれば、その件に関して大きな達成感を伴って教育は完了したことになる。

この課題というのが、生産現場で今発生している作業遅れだったり、設備故障だったりする。

大野氏はこれを目の前にして、自分には解決案がいっぱいあるのに、それを口に出さずに、部下に向かって「どうしたらよいか考えよ」と投げかけたのだという。とてつもない胆力と信念である。この胆力と信念が、トヨタ方式を広めていく原動力になっていたと理解した。

大野氏の当時の苦労が偲ばれる。

本書では、私がトヨタの現場で悩み、諸先輩に指導されながら考え、実践してきたことを基にして、「トヨタ方式」の基本的なものの見方・考え方を、紹介して来た。

現在トヨタ方式を展開していない会社でも直ちに応用できる項目を、意識して選んだつもりである。反面、「かんばん方式」などの具体的手法はあえて省略した。専門用語も極力避けた。読んでいただくすべての方に、トヨタ方式の真意がご理解いただけるようにと願っている。それゆえ本書を読んだら、現場を見てほしい。

その前に、「トヨタ方式とは一言で言えば、何なんだ」について述べたい。

（甲）世間一般の考え方

A＋B⇩C

この式でA、Bは与条件を表し、Cは結果を表している。与条件であるA、Bについて何の疑いもなくこれを受け入れて、結果としてのCをいかに大きくするかを考える。それゆえソリューションなどという言葉がはやる。理論値があり、その理論値を超えることはない。一時間一〇〇個できると称する機械では、一〇〇個しかできない。

（乙）トヨタ方式の考え方

C⇩A＋B

「トヨタ方式」ではCは結果として見ずに、目標としてとらえる。「あるべき姿」と言ったり、「ありたい姿」と言う人もいる。とにかく目標だ。

そうすると与条件のほうに目が向く。Aが材料で、Bがやり方であったりする。材料は本当にこれがいちばんか、やり方にもっと工夫はないのか。さらに上流に攻めていく。設備はいいのか、設計はいいのか……。

先ほどの例の一時間一〇〇個できると称する機械であっても、一二〇個欲しいと目標を置けば、与条件の再調査にかかる。機械のカタログ性能など、自分たちで確かめるまでは信用しない。機械の作動を観察しムダを発見しそれを解消することで、一二〇個できるようにしてしまう（私の経験上二割は堅い）。

このようにトヨタ方式の真髄は「あるべき姿」に向け与条件を変えていくことにある。そしてそうした与条件の最たるものは、「自分」「自職場」「自社」である。

現場に行く前にその現場の「あるべき姿」を思い描き、イメージを固めてほしい。そうしたらその固めたイメージを持って現場に出かけそこの景色を見てほしい。イメージと違って当たり前である。驚くことはない。景色は結果である。その原因はものの見方・考え方にある。現場に管理監督者に集まってもらい、先に述べた大野氏のように車座になって、目線を合わせ、水を向けながら「現場のものの見方・考え方」「実務の運営方針」「障害となっている事柄」を聞き出す。これが「現地現物・実情実態」だ。

変えるべきは「ものの見方・考え方」とここから来る「実務の運営方針」である。

加えて、「阻害要因となっている事柄」の排除となる。では、どうやって変えていくのか？

ここから先は、一般解はない。

なぜなら、世の中が「諸行無常」であるように、会社も千差万別で、生産方式も時々刻々変わっていくものだからだ。だから、これらを解決するのは、読者の皆さん以外にはいないのだ。

その課題を目の前にして、皆さんがご自身に向かって「どうしたらよいか考えよ」と指示していただきたい。

そうして、ここから先は読者の皆さんが、皆さんの会社で、独自の「トヨタ方式」をつくっていただきたい。皆さん一人ひとりが大野耐一氏の気持ちになって、同じように悩んで、同じように独自の生産方式をつくってわがものにしていっていただきたい。

今、私は日本のものづくりに大変な危機感を抱いている。トヨタでの現役を退いた後、ものつくり大学で教鞭をとり、内閣府でものづくり関係の政策に関係する仕事をし、東京大学ＭＭＲＣ（ものづくり経営研究センター）中堅人材再教育のお手伝いをしている。その流れの一環で本書を書いた。本書がものづくり大国日本の再興に少しでもお役に立てばと願ってやまない。

初版　あとがき（二〇〇五年二月）

私は六〇〇〇人の部下を持つ完成車組立工場の課長職を五年間やったという経験がある。このくらいの大所帯となると、一筋縄でいかない、いろいろな問題が出てくる。組織運営はどうやったらいいのか、部下となる人たちとどう接したらよいのか。

そこで、今からトヨタ方式を導入してみようと思っている管理者の皆様にお役に立てばと思って、市販されているトヨタ方式に関する本に書かれていることよりやや範囲を広げて、トヨタ方式のものの見方・考え方を分かりやすく説明したつもりである。その中で、人間性尊重が大切であることを痛感しており、くどいくらい書いたつもりでいる。

特に近頃は人と人が意見を述べ合い、意思を統合していくということの訓練が乏しいと感じている。読者もこの点に苦労しているのでは、とお察しする。

この人間性尊重は「人を責めずにやり方を攻めよ」の言葉にかなりの部分が集約される。トヨタの中では当たり前のように思っていたのだが、工程の名前に代表作業名を使う。たとえば「ヒーター取り付け工程」「ランプ取り付け工程」などの工夫がある。

約二〇年前ベンツの主力工場を訪問したことがあった。そこでは何と工程は担当者名で呼ばれていた。

A君の工程は今月二六件の不良を出した、B君の工程はまだ五件、C君はすでに四〇件も出しているなどである。今日C君には最後通告をして明日も不良を出すのであれば配置転換を考えるとボスが言っていた。これを見て、私は愕然とした。

と同時に「ヒーター取り付け工程」「ランプ取り付け工程」と工程の名前に代表作業名を使う意味が分かった。当時のベンツは「やり方を攻めず人を責める」管理であったのだ。まさに結果による管理であり、日本酒ではなくワインだった。

ご自分の職場はどうだろうか？　こんなところから自工程を見直して、改善に取り組むのも一つの方法である。設計と交渉して作業性を上げる話や、購入備品を下げる活動の話も書いた。これはやればできるのだという成功体験を積ませ、自信をつけさせるためには良い例と思う。職場の中を自分たちで日々改善する（変える）ことができることが、トヨタ方式導入の必要条件だからである。

本書をはじめ何冊かの本を読み、もちろん原典である大野耐一氏の本も読んで、ご自分の思想を固め、自分の責任でできることをバリバリやることをお勧めしたい。

さて、これだけ世間でトヨタ方式が騒がれているのに、トヨタグループの向こうを張って成功したというニュースは聞いてない。なぜ世間にパッと広まらないのか。

本文でも述べたが、この原因は現在の会計学とトヨタ方式との折り合いの悪さから来ている。

約一〇年前、トヨタの生産調査部長をしていた中山清孝氏は、今コンサルタントとして大活躍であるが、最近の著書『直伝・トヨタ方式』で、今の管理会計では、「一〇〇日間かけてつくった商品を、一日でつくるようにしても、その違いを評価できない」と嘆いている。

私もこのことに悩み続けた。その問題を解決する理論体系として「Jコスト論」を構築し、具体的な解決案としての「改善効果の評価法」を「時間軸を入れた収益性評価法の一考察」（IEデビュー誌、二〇〇四年三月）として発表した。関係者には高い評価をいただいて、IE文献賞をいただいた。

この理論を使うと、小ロット多回生産（運搬）のほうが大量生産よりも収益性がよいという結論が導かれる。

管理会計論専門の名城大学河田信教授は著書『トヨタシステムと管理会計』（二〇〇四年、中央経済社）の中で今の全部会計の配賦基準ではトヨタ方式の在庫低減を評価できないとして、解決策を提案されている。

今後会計学者の中に同調者が増え、さらに研究が進めば、トヨタ方式を正しく評価する会計学が登場する。そのときはトヨタ方式が一気に広がると期待される。

トヨタ方式に取り組もうとしている皆さんに残されている時間はあまりない。ここ数年以内に本格導入を視野に入れて、準備にはいることをお勧めしたい。

なお本書の執筆にあたって参考にした資料は、いままでに紹介した文献と、私のトヨタ在籍中の業務メモと大学での取材メモによる。

本書執筆にあたっては、まずトヨタ在籍中にトヨタ方式を教えてくださった方々に感謝の意を表したい。

とりわけ二五年前、新しくできた田原2C組立課に全社から馳せ参じ、若輩者の課長である私を盛り立て、新設工場での、初代ソアラ・スープラの立ち上げという大仕事をやってくれた六百人の仲間たちに感謝したい。この仲間と過ごした三年間は、トヨタ方式のなんたるかを身体で学んだときであった。

トヨタ自動車の池渕浩介相談役・技監には、このときは、田原工場主査という立場でトヨタ方式を教えていただいた。生産調査部、物流管理部時代には副社長、副会長という立場でご指導いただいてきた。今回、一介の大学教授という立場で本書を出版するにあたって、貴重な時間を割いて目を通していただき、大所高所から見てのご意見をいただいた。ご厚意に深く感謝の意を表したい。

トヨタ自動車生技管理部・大橋利雄主査には現職のトヨタマンの目でチェックしていただいた。おかげで、舌足らずのところや、誤解を招く表現を直すことができた。厚くお礼を申し上げる。

●著者略歴
田中正知（たなか・まさとも）
ものつくり大学名誉教授。株式会社Jコスト研究所代表。元・トヨタ生産調査部部長。東京大学大学院経済学研究科ものづくり経営研究センター特任研究員。1941年生まれ。67年名古屋大学大学院工学研究科航空学コース修士課程修了後、トヨタ自動車工業株式会社入社。入社以来35年間、常に現場でものづくりに携わり、「トヨタ生産方式」を体系化した大野耐一氏ほか先達の薫陶を受ける。93年1月、「トヨタ生産方式」の総本山である本社生産調査部部長に就任。協力メーカーへの「トヨタ生産方式」の指導と改善、特にグループ内全車両生産工場に組立工程管理システムを展開する。95年1月、本社物流管理部長に就任。トヨタの全商品をお客様にお届けするための全世界物流ネットワークの構築と改善に携わる。2000年11月、ものつくり大学開設に伴い社命により製造学科へ転籍。「トヨタ生産方式」を広めるために、トヨタから転籍した教授の第1号となる。著書に『考えるトヨタの現場』（ビジネス社）、『「トヨタ流」現場の人づくり』（日刊工業新聞社）、『トヨタ式カイゼンの会計学』（中経出版）などがある。

著者ホームページ　http://www.j-cost.com/

本書は2005年に刊行した『考えるトヨタの現場』に大幅加筆し、改題、再刊行したものです。

トヨタ式現場管理　ものづくり日本再生のための7つのカイゼン

2016年6月11日　第1刷発行

著　者　田中正知
発行者　唐津　隆
発行所　株式会社ビジネス社
〒162－0805　東京都新宿区矢来町114番地　神楽坂高橋ビル5F
電話　03－5227－1602　FAX 03－5227－1603
URL　http://www.business-sha.co.jp/

〈カバーデザイン〉中村聡
〈本文組版〉茂呂田剛（エムアンドケイ）
〈印刷・製本〉モリモト印刷株式会社
〈編集担当〉本田朋子　〈営業担当〉山口健志

ISBN978-4-8284-1886-5